大是文化

開竅了，學習會上癮

明明很努力，就是
無法往領先群靠近。
成績總是不上不下，
中等生要如何突破困境？

數學老師，
擁有 18 年第一線教學經驗
李波——著

Contents

第二章

努力卻沒結果，又不敢不努力

第三章

學習會上癮的祕訣 123

第四章

家長筆記——如何幫孩子提高學習興趣 205

推薦序一

只有苦讀不夠，重要的是用對方法

閱讀推廣人、國小教師／林怡辰

我翻開《開竅了，學習會上癮》，讀了一些後便應用在教學上，並收到很明顯的成果。

班上有幾個孩子，你說他不認真聽，但也會看著你回答；你說他很認真聽，回家作業卻錯誤連篇。我讀了這本書之後，應用了「成績不上也不下的中等生困境」這章的內容，這樣跟孩子說：

「老師發現，同學們有三種聽課方式：第一種是有聽卻沒進到腦子裡，學習成效當然差。第二種是好像有在聽，老師說劃線，學生就劃線；老師說抄下來，學生就抄下來，看著老師示範都會，然而回家都不會。第三種是上課會動腦想，思考老師為什麼這樣說、舉了什麼例子、上課時指出老師說錯的地方、提出更深入的問題，代表他上課時不只在接收，而是已經在運用學到的內容。於是光是上課，他就吸收得比別人快、運用得更好。」

那我們該如何向第三種同學學習？上課前看看目錄，複習上次上課提到的概念，預習老師要說的地方；上課時不僅要回答，更期許自己可以提問，最好自己在心裡解釋一次上課的內容。

就只是這樣，上課的效率就提高了，下課前請他們說明單元和單元之間的關係，都可以用自己的話說出來。

面對孩子，須先細心觀察，再用他們能理解的語言和他們溝通，才能為他們架好鷹架，協助他們進步。

本書作者有十八年第一線的教學經驗，書中寫出很多**程度中等的學生（大都是國中生）的學業狀況，他們不知道自己卡在哪裡**。本書藉由一個個案例說明，該如何聽課、預習，以及怎麼避免粗心寫錯、到底要不要大量寫題目，還有最重要的——家長怎麼幫孩子提高讀書效率。

教育界有個說法：國小高年級數學的因數倍數單元是一個坎，到國中又是一個坎，高中又是一個坎。作者細細分析不同學習階段的重點，並談到如何協助孩子從思考、邏輯、閱讀開始，奠定基礎然後跳躍。

只有苦讀是不夠的，重要的是方向和方法，我看過許多很努力，成績卻不見起色的孩子，有的學生是受學習能力限制，但更多學生是由於自我限制、過度消耗信心、沒有熱情、用錯方法、閱讀量不夠所導致。

這些很少在其他書中提出的關鍵，都在本書一一揭開。此外，父母對成績的執著，也會對孩子帶來負面影響；理解孩子有助於幫他們打敗學習上的心魔，讓孩子積極面對，最後再使用正確的學習方法念書，最終必能在成績上有所突破。

十歲以前成績優異，不代表未來在學業上順風順水，這本書教你怎麼看見學習的本質，推薦給你。

推薦序二

開竅了，學習便能「事半功倍」

「洛議不絕－學習未來力」粉絲專頁創辦人、作家／洛洛老師

學生常問我：「老師，大家都說『一分耕耘，一分收穫』，我覺得自己也很努力，為什麼還看不見收穫？」

關於「努力」與「收穫」的大哉問，的確有很多種解釋。但就課業學習而言，應該是相對來說可控性高的事。而許多認真的孩子，花大量的時間與精力念書，成績卻沒有相對應的進步，這之間到底發生了什麼？

我看到他們陷入不斷的努力，表現卻不盡人意的挫敗中，逐漸失去信心與熱情，覺得學習就是一場無法克服的任務。每每看到這些學生，都令人心疼不已。如果能打通孩子的任督二脈，讓他們在學習上出現「事半功倍」的效果，那該有多好？

了解「舉一反三」，才能感受到學習的威力

《論語．述而》中，子曰：「不憤不啟，不悱不發，舉一隅不以三隅反，則不復也。」孔子很擅長用問答法啟發學生，本書的作者李波也強調孩子要隨著不同階段來升級學習方式，並逐漸加入自己的思考。

在我的教學生涯中碰過不少學霸，他們總是學得又快又好，很多人想要「依樣畫葫蘆」，卻碰了一鼻子灰。追根究柢，其實學霸是帶著「問題意識」在聽課，而不是單純跟隨著老師的講解而已。他們在課堂上不只做筆記和聽講，更著重於思考課本的脈絡在說什麼、為什麼要這樣安排，明白其中的關聯性。當他們把握這些規律後，就能解決同一類的題目，並且加強自己的熟悉度與解題效率。

這點和作者提及「舉一反三」的方法不謀而合，特別是踏入國、高中階段，應更注重學習的邏輯思維。如果沒有掌握這些學習原則的不同，即便維持以往的努力程度，可能也無法得到相同的成績。

書中還針對考試策略做介紹，內容十分受用。試問在有限的時間，要完成考試題目，我們該如何安排解題優先順序？

我們常會看到很多孩子卡在一個難題上太久，以至來不及完成後面的題目。而作者建議大家先快速拿下基本與中等題的分數，才能為難題爭取更多的時間，應用在學習策略上也是如此。

許多考生在準備大考時，沉溺於大量刷難題，但對於基本題的觀念與定義甚至不太熟悉，所以花了很多時間未見成效，殊不知自己其實用錯了力氣。

父母扮演的角色至關重要

我常聽到父母跟我說：「我的孩子好像沒有自己的意見與想法。」但孩子在和大人對話時，大人卻又期待孩子「聽話」。大人是否允許他們有思考與回應的機會？還是覺得「你不懂」，或「聽爸媽的就對了」？

這本書在最後的部分，把重心放在父母身上。我們雖然不能替代孩子學習，但家長的引導對孩子有極大的影響。焦慮的父母又要如何安定孩子的情緒？不相信孩子的能力，又要孩子如何認可自己？我看到很多學習表現優秀的孩子，其實父母都是享受學習的人。這樣的潛移默化，都在蓄積孩子的能量。

孩子的學習表現，需要父母的陪伴與影響。如果你認為自己或孩子有一方尚未開竅，不妨來看看這本書，相信會對上課方式與應試策略有所幫助。

前言 沒開竅，再努力也是徒勞

我在第一線教學已經十八年，這期間我接觸了數萬個家庭。和大量的家長溝通後，我發現家長對於孩子的成績，實在太過焦慮了。

最焦慮的往往是那些表現不算很差，但尚未真正「開竅」的孩子的家長——這些孩子對念書的熱情程度大都一般，但也還算勤勉；家長迫切的期待孩子再努力，成為更優秀、更耀眼的學生；同時，又擔心孩子稍微一懈怠就跟不上。在期待與擔憂之間，我感受到家長的無所適從和無能為力。

面對那些對學習還沒有開竅、成績一般的孩子，家長該怎麼辦？該如何陪伴孩子，讓孩子積極的面對自己的學業生涯？我寫這本書，就是為了和大家討論這個問題，也想把我在教學、教育研究中的經驗分享給大家。

學習的過程就像一場馬拉松比賽，剛開始往往所有人都擠在一起。比賽進行到大約三分之一時，群體開始形成，或前或後的人開始變得很少，中間的人非常多。比賽進行到大約三分之二時，群體開始固定，即便有變化，也只是群體內的變化。

一名馬拉松選手跑到中間，有許多方面的原因。有人是體力所限；有人是前期體力耗損；有人在為下一步的衝刺累積力量；有人認為差不多就可以了。

而一名學生之所以成績處於中等，原因也很類似：有人被學業能力限制；有人在前期過度消耗熱情；有人完全不關注成績，只埋頭按照自己的節奏讀書；有人因為對分數失去信心，而不願再付出太多。

十歲後，孩子在學習上開始有差別

小學三、四年級以前，學生與學生之間在掌握知識與解決問題方面，差距往往不明顯。多數父母對孩子也充滿信心，對他的未來產生憧憬，相信他可以創造出輝煌的成就，或過上比自己更好的日子。

然而**在十歲後，往往會在學習上表現出不同的狀態**。

有一部分學生開始對讀書失去興趣，這並不代表他的能力出了問題，可能只是沒有將心思放在念書上，若多花一些時間跟心思，往往能追趕上成績優秀的同學；不過，也有學生的分數毫無起色，確實是跟學習能力有關，但也跟他的思維、對知識的敏感度，以及對外部事物的感知能力有關。

根據我的觀察，這個時期的大多數學生表現都不錯，甚至可說是優秀。一個班裡，按照學習的情況主要分為兩個群體：學得很好的和學得還不錯的。兩個群體在成績上有差別，但很細微。

不過，從這種細微的差距上仍能看出一些端倪。父母可能無法清晰的描述出來，但還是能感覺到。這些差距在當下看似對成績影響不大，可是過往的人生經驗會讓每個父母感覺到，它們會影響孩子未來的人生走向。

從此時開始，父母往往會在心裡默默的調整對孩子的定位。但同時，父母又抱有極大的期待——也許我們能幫孩子改變他現在的狀況，畢竟這條學習之路也才剛開始。

從國中開始，有一些學生明顯的開竅了，讀起書來好像很輕鬆；而另外一些學生，則彷彿很吃力。他們也認真聽講、認真做題，但始終力不從心。最先感受到壓力的並不是那些平時不太認真的孩子，而是成績處於中段班的學生。他們好像總是早出晚歸，從來沒有停下來過，可是學習上仍無法突破。他們也想進步，但又**發現努力似乎沒帶來顯著的效果**。

面對壓力，有的孩子退縮，有的徘徊，有的奮進，但他們面對父母時，很少表露自己的情緒。不是不想從父母或老師身上尋求支持，只是因為處於青春期，往往不太願意承認自己的困難。

細心的父母能察覺到孩子的變化，但多數人很難站在他的立場思考。這時，雙方的溝通往往不通暢。父母認為，孩子對於未來的想法與自己相左，是因為不願意變得更好；孩子認為，父母對於未來的期望並不符合自己當下的實際情況，只是一味的提要求，卻無法解決問題。

從父母的角度來看，孩子消極的學習態度，讓父母的支持無從著力。父母迫切的想幫忙，卻找不到更好的辦法。這種情況下，父母會開始懷疑，自己以前對孩子的規畫並不正確；也會開始懷疑，認為孩子不具備優秀的能力。

在國中階段，有些學生會透過刻意努力換來些許的成長，勉強能跟得上學校進度。但往後的高中階段，尤其是從高一上學期的第二個月開始，他們想藉由努力讓學業有所突破，變得越來越難。上課時，他們能聽懂；但自己寫題目時，發現那堂課就像從來沒有聽過，要麼不知從何下筆，要麼花費很長的時間來解題。隨著時間的推移，讀書對這些學生來說變得越來越困難。他們心中仍有目標，也願意努力，但又感覺即便努力了也於事無補。

十幾年的教育和研究經驗告訴我，在學習上表現不突出的學生，可藉由父母的引導讓成績更進步。只是大多數父母不具備相關的知識，不曉得以什麼方式來引導，只能完全依靠學校，或將希望寄託於孩子自身的機遇。

在這本書中，我會結合對學生在學習這件事上的觀察與思考，從他們身處的環境出發，探討分數無法突破的原因，也會帶你了解學生學習的全部過程。

為什麼有的孩子非常認真讀書，仍難以進步？為什麼有的孩子，表面上努力念書，事實上熱情程度一般？為什麼父母不能執著於表面的分數？學生的學業表現，和他的心理發展有什麼關係？家長應如何引導孩子愛上學習，享受這個過程？以上這些問題，我都會逐步探討。

我常跟來找我諮詢的家長說：「人對了、理念對了、認知對了，學習才會好。」我始終認為，想真正的成長，往往須被看見。只有被看見、被理解，他們才能看見自己、理解自己，在學習上，才能燃起熱情，抓得住，把得牢。

作為父母，我們應拋開對分數的執念，更用心的陪伴孩子。只有理解，才能讓他們積極的面對學業生涯。我們不該再因為孩子的成績不好而焦慮，而是找到學業跟不上的心理和思維層面的原因，讓孩子全面的理解學習的本質。

在這本書中，我會從四個面向，給予孩子在學習成長上的建議與指導。希望我的思考與分享，能幫到所有希望在學業上有所突破的孩子。

第一章

成績不上也不下的中等生困境

1 那些表現中等的學生，現在去了哪裡？

如果你曾成績優異，當你回想以前的同學，會想起誰？我想，你想起的往往是和你一樣成績優異的同學，或成績不好但極其活潑、有個性，甚至有些調皮的同學。

如果你曾是在學習上不開竅的學生，會想起誰？我想，你想起的也是成績優異的同學，或成績不好但極其活潑、有個性的同學。

如果你曾是成績處於後段班的學生，會想起誰？我想，你想起的也是成績優秀的同學，以及成績不好但極其活潑的同學。

成績處於中等水準的學生應是占比最大的，他們去哪裡了？好像沒有人關心他們。

潔婷是我幾年前認識的一位國中女生。她的成績不好也不壞，當時學校還沒有取消排名，班級有六十三個人，潔婷在三十名上下。

潔婷的父母對潔婷表面上很放心，自從國二後，就很少再過問她的課業。但其實，潔婷的父母也曾非常關注潔婷的學習情況。

讀小學以前，潔婷的媽媽特地辭職在家陪潔婷，讀故事給她聽，教她識字，並報名參加各種課程，涵蓋琴棋書畫等方面。那時媽媽講故事給潔婷聽，只要講兩、三遍，她就能複述給身邊的人；她讀小學一年級時，就能獨自閱讀；別的小朋友還在折手指，進行十以內的加減法運算時，她已會算兩位數的乘法。所有的表現似乎都傳遞著一個訊息：潔婷以後一定能成為成績優異的學生。

小學一年級到三年級，潔婷的成績幾乎都是滿分，一切都在朝潔婷媽媽的預期往前走；然而四年級開始，潔婷的學習開始有了一些變化。

最明顯的是寫作業的時間拉長了。四年級以前，潔婷往往會在晚上八點前寫完作業；但從四年級開始，每天晚上會寫到十點。縱使作業量相比以前多，然而在輔導潔婷寫作業的過程中，潔婷媽媽發現，有些內容很明顯是老師在課堂上講過的，也是教材中反覆強調的，但潔婷在寫相關的題目時，好像完全無法理解，就像沒聽過一樣。不過，稍加提示或講解後，潔婷還是能明白。

潔婷媽媽覺得這是比較嚴重的問題，就到學校了解情況。老師表示，潔婷上課時偶爾會走神——坐在座位上，眼睛盯著黑板，好像在聽課，但眼神呆滯，臉上也沒表情。不過，叫一下她的名字，她馬上就會回過神來。

回到家後，潔婷媽媽問潔婷上課走神的事。潔婷說，自己也發現這件事，但她也不知道為什麼，聽著聽著就走神了。走神時，腦袋裡什麼也沒想。面對媽媽的責問，潔婷感到很無辜，她也想從媽媽那裡得到解決方式。

這個問題該怎麼解決？媽媽似乎也沒有任何辦法，她試著尋找各種方法，讀了相關書籍，還向各式各樣的心理專家、教育專家，甚至神經科的醫生諮詢，但都不能得到好的解決辦法。最後，她只能寄望於潔婷本人，期待女兒能減少出現這種情況。

為了不影響學習進度，潔婷和媽媽在上完課後也一起做了很多努力，然而還是擋不住分數下滑。到了五年級下學期，潔婷的各科成績保持在八十五至八十八分，稱不上高分，但也還算過得去。為了維持這個分數，也讓潔婷無論是時間上還是精力上，付出了很多努力。

有時媽媽想到潔婷的情況不免擔憂。如今的壓力不算很大，可潔婷已開始力不從心。她每天都很忙，哪怕週末都不休息，即便如此成績還是算不上優秀——**努力奔跑，也只能維持不掉隊**。

也許，潔婷只能當一個在學習方面很普通的孩子。想到這裡，媽媽長長的嘆了一口氣，為自己，更為潔婷。

上國中後，潔婷不再走神了。而且一直以來，潔婷的學習習慣都很好。課前預習做摘錄，上課聽講做筆記，上完課後及時的做作業，她都按部就班的完成。從理論上來講，她在學習上應該能開始往前走。潔婷媽媽也曾這樣想。

但事情的發展走向並不如預期，潔婷的表現還是跟之前差不多，處於不太好也不太壞的水準。

媽媽也想幫助潔婷，但不知道到底該做什麼。除了輔導潔婷的作業，督促潔婷努力，或請老師輔導之外，實在不知道還有什麼辦法。既然如此，媽媽索性就放手，想著不如多給孩子空間，也有一些時間發展除了學習之外的愛好。

國中三年悄悄的過去了。

老師幾乎沒有找過潔婷的父母談論她學習上的問題，潔婷的學習習慣也一直保持得不錯，看上去無可挑剔，所有一切該做的，她都在做，也從來不給老師增添麻煩，跟同學之間的相處也很融洽，縱使學習不算優秀，也還過得去。

老師也曾想給潔婷一些激勵，讓她更上一層樓，但考慮到她在學習上已相當自覺，那該怎麼去激勵她？

為什麼上課時聽不進去？

我們來看看，潔婷在學習上如此認真，為什麼還是無法進步？

在跟潔婷交流時，老師明顯的感覺到，潔婷稍微欠缺思考問題的能力，面對問題時，總難以深入的分析。

我將思考問題時的表現分為四個層次，分別是無意識層、進入層、發散層、歸類層。

無意識層是最外層的表現，也就是「知其然，不知其所以然」；進入層屬於第二個層次，意味著對某個問題有了針對性的思考，但思考只停留在問題本身；發散層屬於第三個層次，指可舉一反三，從思考一個題目，延伸到所有同類型的題目；歸類層是第四個層次，也就是最高的層次，指可總結出問題的核心，找到問題的底層邏輯。

潔婷在上課時往往處於無意識層，表面上跟著老師的講解走，但老師的說明走向哪裡、為什麼停留在某個點上、為什麼強調某個點，她似乎統統不關心。她只是乖乖的聽著老師講課，記著老師的板書。

對於一些簡單的概念，潔婷能提出一些自己的想法，也會提出問題，但也只剛進入第二層，也就是進入層。老師感覺到，她提出的問題不具備太大的價值。雖然老師還是會解答，但不覺得這個答案，能讓她理解得更深入。

當老師想推動潔婷的思維往前走，往往有一種無力感。這種無力感源於潔婷根據老師講解的問題延伸思考時，思維是不集中的。她的確在聽，也能配合老師的講解給予回應，但老師總感覺她無法針對問題深入的思考，此次的講解，會隨著講解的結束而煙消雲散。

最終導致的結果是，老師的目光從潔婷身上逐漸移開。並不是老師故意忽略她，而是一種必然的選擇。老師在教學上依然盡心盡力，但無法將注意力平均的放在每一位同學上。

不單是潔婷，許多成績普通的孩子也有這樣的經歷。這些現象，在小學四、五年級時開始出現；國中階段開始變得明顯，高中階段變得普遍。對於父母和老師而言，這種忽略是一種漫長的選擇，並非刻意為之。

藏在這背後的原因是什麼？當我從身邊的老師以及我曾見過的父母身上看到這個現象時，我問自己，到底是什麼導致這些成績不那麼好也不那麼壞的孩子被大家忽略？

無奈——一方面是對孩子的無奈，覺得孩子遇到的問題太難解決；另一方面是對自己的無奈，無奈於自己為何不能一眼看穿問題的本質。

甚至許多人無法察覺到對自己的無奈。因為若能察覺到，並意識到「我為何無法幫到對方、我該怎麼幫到對方」，那麼他便能開始自省，才會明白只要是問題，就可找到解決的方法。接下來，他就會從自己、他人的角度思考，最終找到對策。

成績中等的孩子之所以常被大家忽略，根本的原因在於以下兩點：

- 大家覺得這是一個問題，但這個問題不是我的問題。

・大家覺得這個問題沒辦法解決。

但我想呼籲大家，要理解在學習上難以突破的孩子，其當下遭遇的情況；要相信，孩子遇到的問題、我們察覺到卻無能為力的問題，都能解決。只要懷抱這樣的信念，堅信這些問題可透過進一步的研究與思考而解決，才能讓孩子擁有更好的學習和成長環境。

2 分數忽上忽下，沒有安全感

有些孩子很難從具體的事件中跳出來，以更開闊的視角審視當下的生活。他們總以為自己看見、聽見的就是整個世界，**往往把「此刻」當作永遠，會因為自己的未來不符合既定的規畫而產生不安全感**。

成績普通的學生，在班裡是最大的群體。他們在學習上呈現的結果，往往不像成績優異的學生穩定。他們能感受到，成績似乎並不受自己控制——考試的難度偏低，成績就會好一點；考試的難度偏高，成績就會差一點。老師態度不好，成績就會下滑；老師態度好，成績就會上升。有莫名的焦慮感，成績就會下降；有莫名的興奮感，成績就會提升。

文佳是我的一名學生，她看上去是一個很外向的女生。每當在遠處看到老師走過來，她都會非常熱情的打招呼。每當同學有困難，她總會第一時間站出來，還會鼓勵其他同學一起幫忙。她說起話來總是很有精神，在很多同學看來，她是一個大剌剌的女生，很好相處。

不過文佳的媽媽不這麼認為，跟文佳相處久了的好朋友也不這麼想。在文佳的媽媽和好朋友眼裡，文佳是一個心思極為細膩的人，她對於生活中的很多細節都非常在意、敏感，並不像她表現出來得爽朗、堅強。

文佳曾因自己養的貓走失而傷心好久。那時她會在放學後，用大量的時間找貓，甚至寫信給她的貓。而且丟貓事件後，她再也不養貓了，甚至不想看見別的貓。因為一看到別的貓，她總想起走失的貓，讓她的心情瞬間變得灰暗。這幾年，她也一直在調整自己的情緒，雖然有好轉，但還是不能好好的控制。

另外，文佳是一個願意為他人付出的人，但她在付出後，也很在意是否得到回應。注意，我說的是「回應」，不是「回報」。她更在意的是，對方是否在情感和行為上，對她的付出表現出積極的回應和認可。

連與貓相處也是這樣。過去養貓時，她常會花很多時間幫貓洗澡，洗完澡後用吹風機將貓身上的毛吹乾，並用手慢慢的把貓毛梳理得更滑順。在照顧貓、跟貓一起玩時，她將自己全部的情感投入其中，不求這隻貓帶給她什麼，只希望眼前的貓在每一次見到她時，能熱情的回應。

有一次放學回到家，她看到貓沒有像往常一樣迎接，她馬上就感到不高興，扔下書包抱起貓，委屈的問：「你怎麼不迎接我？你怎麼了？是我哪裡做得不好嗎？你是不是不喜歡我了……。」一連串的問題拋向那隻貓，持續了半個小時。

後來在媽媽的勸導下，文佳才把貓放下，去洗手、吃飯，寫作業。然而那天晚上文佳的學習效率很低，有好幾個不該出錯的地方都出錯，甚至到睡覺時間，作業還沒寫完。文佳告訴我，那天晚上，她腦子裡全是以往自己對貓的付出，她不明白她最愛的貓為什麼不像往常一樣撲到自己身上。儘管從理智上她明白，貓只是貓，但她還是無法控制自己的思緒。

在跟同學相處時也一樣。當同學向她求助時，她會馬上放下手頭上的事去幫助同學。但當她帶著笑容、略帶不好意思的向同學求助，如果同學不能像她一樣馬上幫她，她會尷尬的說：「要不算了，我看妳挺忙的，我看自己能不能搞定。」之後，她便會回到位子上，此時情緒變得低落，腦子裡開始胡思亂想：「我以前對那位同學多好，我為她做了那麼多事。是不是我哪裡做得不好，才讓她忽略我的要求。」儘管從理智上，她明白其中的原委，但還是不能控制自己的思緒往不好的方向飄。

面對老師時也一樣。她總是非常熱情，很有禮貌的向老師打招呼、行禮。但當老師上課提問時，一旦她沒有被老師點名回答問題，她的腦袋裡就開始思緒亂飛，浮現以前自己對老師的種種態度，懷疑老師是不是對她有意見。

在生活中、學習上，出現過許多次類似的情況。當然，也有很多好的、愉快的事發生，但當負面的思緒湧現，總讓文佳的情緒起伏不定。只不過，文佳不會把壞的情緒表露出來，往往一個人承受。而那些跟她很親近的人，還是能感覺到她在情緒上的微妙變化。

文佳的媽媽也能感覺到她總是受到情緒的影響。心情好時，對學習的熱情會增加，學習效率就高很多，成績也不錯；心情不好時，對學習就缺乏熱情，學習效率就低很多，成績也跟著往下走。媽媽也曾嘗試幫助女兒，但每次和文佳深聊時，文佳都表示自己清楚的知道問題，並跟媽媽保證，會控制好情緒，把全部的心思放在學習上。

但這個問題，在文佳讀高中時還是沒解決，反而變得越來越糟。

如何創造安全感？首先要「肯定」

文佳身上的問題，存在於多數在學習上表現一般的學生。這個問題看似是因情緒多變導致，究其根源，則在於他們對身處的環境出現了錯誤的理解。

每個人進入社會的那一刻，就開始本能的在人群中尋找自己的位置。但並非一開始，就站在靠前的地方。大多數人都站在離中心點不遠的位置，有了位置，就會開始比較，用自己的主觀感受去觀察世界，而不同的人看的點也不一樣。

我常跟學生說：「我舉起望遠鏡，望向全世界，我發現沒有任何對手，全是我學習的榜樣。」要審視自己的優勢與劣勢，看到身邊的人的優勢並學習，努力使自己的劣勢變成優勢，並使自己的優勢變得更加突出。

但許多成績不好的學生，面對當下的困境時，不認為是自己擁有某些不好的特質導致，而是**將一切歸結於周圍的環境，認為是他人對自己的評判所造成的。**這在心理學上，被稱為**「外部歸因」**（external attribution），是一種認知上的謬誤。

抱著這樣的認知，他們在做事時，關注的重點不是如何把事做好。雖然表面上，他們也努力的行動，可是並非在意過程，而是結果——別人對自己有什麼評價。他們總把自己放在被審視的位置，這樣的心理狀態持續得越久，心底深處的不安全感也就越重，會越來越感覺到，一切似乎不受自己控制。

就像一個人在走路，沒有好好關注自己腳下的路通向何方，沒有認真的看路況，只是抬頭看天空，或左顧右盼，希望別人看到自己在認真走路。然而，周圍的人很難注意到他，這讓他開始陷入極度的自我懷疑中。若能被注意到，他便會低下頭來穩穩的走幾步；若沒被注意到，他便會一腳高一腳低。

他們身處的環境，首先是父母給予的，其次是學校的老師和同學營造的，最後是整個社會創造的。對於學校的老師以及同學，還有這個社會，我們很難憑一己之力改變，但我們可從自身出發，來給予他們安全感。

怎麼做能讓他們產生安全感？首先要肯定。這裡說的肯定，不是肯定他們的行為本身，而是對行為的出發點表示肯定，嚴肅、認真的講出來，並盯著他們的眼睛。其次，**挖掘和延伸孩子行為的出發點**，讓他們聽到自己內心的聲音，他們才能把腳扎根於大地，而非輕飄飄的懸浮於空中。

3 嘗試過各種學習法，成績還是沒起色

我們會發現，當學生在學習上缺乏動力時，這種狀態也會反映在其他事上。例如，很難控制一件事的走向，似乎總被周圍的環境綁架，面對很多事都是隨波逐流、沒有主見。但這不代表他沒有想法、沒有對當下的判斷力。只是他的想法和主見僅停留於自己的內心，無法展現在行為上。

一個班裡，哪些同學顯得很忙？一定是學習不太好又不太壞的學生。

舉個例子：鵬宇是我五年前見過的一名學生。在同學和老師的眼裡，鵬宇是一個很努力的人。他每天的生活很簡單，向來都是學校和家裡兩點一線。

但當你跟鵬宇以前的同學、老師談及他，會發現他在大家腦海中的印象很模糊。大家依稀記得，曾有一個同學，似乎每天都在學習，話不多……除此之外，

就沒有別的了。

鵬宇對自己這幾年的學習過程以及結果並不滿意。在內心深處，他也希望成績更好，能被同學和老師重視。所以一直以來，他都在學習這條路上孜孜不倦的往前走。**每每看到結果，他都會糾結於別人怎麼看待他的成績**。他努力學習，不過似乎總是看不到成果，這讓他產生挫敗感。

每天早上，他都是第一個到教室。當他看到教室裡只有自己一個人，他會開始懷疑：「我如此努力，究竟帶來什麼？」不過儘管成績單上平平無奇的分數，讓他一直沒有得到正面的回饋，然而你叫他就此放棄，他也不可能這麼做。

鵬宇的睡眠品質很不好。躺在床上時，他會想起父母和老師說過的——將當天學習的內容，在腦袋裡像放電影一樣回想一遍，這樣的學習方式才奏效。但每當他這麼做，就無法集中注意力去回想，或想不起來老師當天講的內容。這時他會開始抱怨自己，負面情緒開始在身上蔓延。很多個晚上，他都在這種反覆的糾結中入睡。

即便如此，鵬宇還是一絲不苟、按部就班的盡學生的本分。上課時，他會認真的聽講，把老師的板書工工整整的記在筆記本上；寫作業時，他也很認真。遇到不會的題目，他會翻看一下筆記本，有時會邊寫邊記，甚至大聲的朗讀。他也在想辦法提高自己的解題能力，甚至週末休息的時間都在刷題。總之，他努力的按照父母、老師，以及那些成績不錯的同學的建議去學習。所有的學習方法，他幾乎都有耳聞並嘗試。

然而，他開始產生懷疑。因為大家都說很有效的學習方法，似乎沒有換來想像中的結果。他曾想過要不要做一些思維上的改變，但當這個念頭在腦中產生，他感到害怕。因為改變意味著他必須嘗試新的學習路徑，對此他本能的退縮。

他害怕失敗，因此更喜歡自己正在走的路。儘管感到不滿、懷疑，但他覺得自己能控制學習的走向，是安全的。殊不知，他認為的「控制」**並不是真正的控制，只是習慣而已**。每每有改變的想法在腦中冒出來，他都會開始權衡。然而權衡後的結果，往往是繼續走之前的老路。

從外界探索新知識，不能把自己鎖起來

其實鵬宇並不是一開始就出現這種狀態。在更早之前，鵬宇的態度很開放，

他一直遵循學習的本質：用他人優秀或先進的理念、方法，武裝自己的頭腦。當時他正在讀小學，不算是一個乖孩子，但能聽進父母和老師的教導，並應用在學習上，成績在班裡很不錯，尤其五年級以前，語文（按：類似臺灣的國文科）和數學經常考一百分。

而鵬宇讀五年級時，身高迅速長到一百六十五公分，也就是在這一年，大家發現鵬宇變得跟以前不一樣了。以前那個有點調皮搗蛋、常在家裡耍賴、在學校裡跟同學打打鬧鬧的鵬宇不見了，他開始變得沉默寡言，甚至有點循規蹈矩。

升上五年級後，鵬宇變得封閉。他選擇把自己包裹起來，默默的觀察外面的世界，並審視、揣度自己在其中的位置。

他的大腦時時刻刻都是活躍的，過度在乎自己在外界的位置，這讓他一度嚴重懷疑自己的能力——越是關注別人，越是想找到自己在別人心中的位置；越是無法正確的看待自己，越是覺得自己渺小，自己的努力也毫無意義；覺得別人做什麼都好，自己做什麼都不行。

鵬宇在五、六年級時過得很不好，這個「不好」不是外部環境的不好——不是爸爸媽媽對待他的態度，也不是他與同學的相處不好，而是他總覺得自己一無是處。

上課時他會睜大眼睛，集中注意力聽老師講解。他有一種感覺：整個教室裡只有他在聽課，老師似乎專門為他一個人講課。這樣的極度專注後，他又會忽然出神，進入深度思考的狀態，覺得自己對老師講解的內容，比別的同學理解得更深，他很享受這種出神的感覺。不過，當老師提問，同學流利的回答出來，而自己比不上其他同學時，他心裡又會產生自卑感。

此外，寫作業時，他發現花費的時間越來越多，正確率卻沒有提升，反而開始下降。

造成這些現象的第一個原因，是**聽課效率下降**。聽課對於鵬宇來講不是為了獲取知識，而是證明自己的存在，證明自己與其他同學有不一樣的思維方式。

造成這些現象的第二個原因，是他**開始步入青春期**。他的身體以及心理開始發育，能意識到自我，只是這個自我意識的甦醒沒受到正確的指引，導致他過於關注自己，把自己包裹在「自我世界」裡。

這樣的心境也讓他的分數開始下滑。讀國一時，成績已不再像小學五年級以前那麼優秀，他明顯的感覺到吃力。

他也能意識到這一點：**自己表面上努力的學習，但心思根本沒放在學習這件事上**。

怎麼做才能跟以前一樣，以開放的姿態去面對當下的一切？他不能解決這個問題，周圍也沒有人能給他答案。

從鵬宇的經歷來看，造成他念書感到吃力的原因，不是學習能力出問題，也不完全是學習方式出問題（當然，也跟他當下的學習方式有關，不能跟他當下的年齡和知識能力相匹配），而是進入青春期的他，缺少精神上的引領。

青春期是孩子在思想上逐步走向成熟的過程，他的世界觀、人生觀、價值觀在這個過程中逐步形成。我常跟學生講：「現在所有的學習，都是為了讓我們看清真相——看清這個世界、這個社會的真相，看清人生的真相。」唯有看清了真相，才能擁有相對成熟的世界觀、人生觀以及價值觀，成長為有用的人。

但事實上，許多孩子都是摸黑往前走，跌跌撞撞的走完自己的青春期。不是他沒有能力把當下這個階段最重要的事做好，而是源自本能的衝動讓他無法駕馭自己，去做最應該做的事。

有的孩子運氣好一點能順利走過青春期，這個運氣源於他的父母，或其他的靈魂導師，給了他應有的支持，也可能是源於自己在成長過程中的閱讀與思考。

但多數孩子的運氣沒這麼好，尤其是性格內向的學生，因為無法自己參悟，又得不到父母的支持，加上囿於性格不會向外求索，而在成長過程中封閉自己。他們沒有意識到，自己當下的一切疑惑都已有答案，可能在師長身上，或在書本上；他們沒有意識到，任何一個人在認知上都有局限，即使窮盡所有的智慧，也無法把全部的問題想明白。

他也沒有意識到，**自己必須從外界探索新的知識，吸納新的方法，不能把自己鎖在小小的世界裡。**

4 總覺得「老師講的我都懂呀」

我來講講欣怡的故事。

在很多人的眼裡，欣怡無論做人還是做事，都是一絲不苟的人。若上課筆記沒有記完整，儘管可以去找她。她的筆記記得比老師的板書還漂亮，大標題、小標題；主要的重點、次要的重點；圖形、表格等分門別類，並用各種顏色標注，條理明晰。

在學新的課程前，她往往會提前預習，把老師要講的內容按照先後順序完整的閱讀。在閱讀過程中，她會拿出筆和紙來標記以及摘錄，還會按照教科書的說明解題。

不過，隨著年級的增長，她變得不再那麼用心，因為預習這件事，並沒有給欣怡帶來她想要的結果。

她很清楚，自己因為預習而在學習上有收穫，包括知識理解能力、解題能力、考試分數等都有提升；她意識到，這個習慣讓她接下來的學習變得順暢，但她還是覺得不滿足——因為她沒看到期待的大變化。「食之無味，棄之可惜」正是她面對課前預習的內心寫照。

帶著「情緒」預習

面對預習這件事，欣怡會帶著「情緒」進行。有時會懷疑課前預習的價值，以至於雖然在預習，腦袋裡卻滿是抱怨，甚至是憤恨，恨自己為什麼花這麼多時間做這件事。這樣矛盾的心理，讓她整個人變得「空蕩蕩」的，使她不由自主的開始發呆——盯著眼前的教科書和筆記本，身體一動不動。

當她在預習時，經常覺得自己的身體和思想都變得輕飄飄的，無法駕馭自己的頭腦，讓自己變得理智。她知道這樣不好，但又不想從中走出來，因為她不知道走出來後還能做什麼。她的大腦開始感到疼痛，並非身體上的疼痛，而是源自精神上不夠自由的疼痛，被困其中，又不能掙脫，自己限制了自己。

她發現，預習並沒有讓她在學習上有巨大的變化，甚至有時**不預習，會讓她在聽課時產生新鮮感**，她的大腦會興奮、活躍起來，能獲得更多的知識。

然而，她又做不到完全不預習，無法允許自己逃離原來一直遵循的路徑。她希望一切都是確定的，在聽課前，能知道老師將要講的內容。對於不確定的事，她的內心會感到恐懼，總害怕自己會丟掉什麼。

覺得「老師講的我都懂了」

一直以來接受的教育告訴欣怡，不能要小聰明，要踏實做人、認真做事，所以即便她對自己的預習方法產生懷疑，還是要求自己主動預習，儘管稍微感到不情願。

她會認真的閱讀課本上的內容和題目，試著解決問題。還會標注重點，甚至記在筆記本上。面對題目時，她會先試著解題，再看自己的答案跟標準答案之間是否有差別。若有差別，她會閱讀正確答案的解析，並修正自己的答案。當然，也會把這些都寫在準備好的錯題本上。

課堂上，當老師向她提問，她往往都能回答得頭頭是道，但總有一些瑕疵。老師明顯的感覺到，這個瑕疵是她無法在學習上更進一步的根本原因。

知識的學習，分為了解、理解、掌握、運用。所謂了解，是「知道了，哦！還有這個，還能是這個樣子」；所謂理解，是能把當下學習的知識，跟自己以前的經驗或見識連接起來；所謂掌握，是能把握規律，確實了解自己領會了概念；所謂運用，是能用自己把握的規律解決問題，並舉一反三。

當老師針對課本上的知識、題目向欣怡發問，目的是想了解她對這些知識的理解，但她只是把自己看到的，原原本本的呈現給老師。

也就是說，她在預習課本時，經常**只是閱讀了一遍**，只算是走馬觀花。若完全不預習，當老師講這些知識以及題目時，她還會產生一些新鮮感。

預習對於聽課來說有幫助，但幫助是有限的，欣怡並沒有帶著自己的理解與老師碰撞，只是追隨，使她的上課效率並不高。

我在當老師的十多年中發現，上課聽講的過程應該是老師和學生溝通的過程，是老師對知識的理解與學生在思維上碰撞。

上課前如果沒有預習，可能會導致在課堂上老師把你帶到哪裡算哪裡；但如果上課前只是簡單接觸這些知識，僅停留在「了解」的層面上，**往往會輕視老師講解的內容，覺得「老師講的我都懂了」**。

學習知識，是從簡單到複雜的過程。老師上課講解的內容，一定是從簡單出發，藉由多層次的闡述簡單的問題，演化成複雜的問題，這麼一來，學生之後才能解開複雜的問題。

有的同學因為預習過課本，覺得自己什麼都懂了，但是在預習時沒有深度思考，導致自己上課時，對老師講解的問題滿不在乎，認為「這些問題太簡單了，我只想聽更高深、更複雜的問題」。然而，所有複雜的問題都是由簡單的問題組成，**忽略簡單的問題，必然會無法把握複雜的問題**。

預習的目的：帶著問題去聽課

如果你是一名成績一般的學生，應該如何預習？預習時可以試著問自己這些問題：

- 教材上提到什麼概念？
- 這些概念具體來說是什麼內容？
- 有什麼例題？這些例題自己能不能看懂、作答？
- 為什麼要學習這個概念？這個概念是如何產生的？這個概念又是如何解決問題？
- 在實際解題時應遵循什麼理論、方法？

學習任何知識通常是為了解決問題，學知識就是學思想、學方法、找工具。但思想、方法以及工具並非憑空出現，它一定是從簡單出發，透過不斷的升級，最終以知識的形式呈現。所以，想掌握一個知識，須從知識的三個面向審視——分別是知識的**思想性**、**方法性**、**工具性**。從思想出發，由思想生出方法，藉由方法，整合已有的知識，最終形成知識。已有的知識，會成為下一個知識其形成過程中的工具。

所以在預習前，須從思想性、方法性、工具性拆解即將學的內容。

第一是思想層面。為什麼要學習這些知識？因為什麼現實需求或理論需求，我們必須學習這個知識？為什麼產生了以這樣的方式解決問題的想法？

第二是方法層面。從解決問題的角度審視，我們如何得出解決某個問題的具體方法？這個方法的邏輯是什麼，目標又是什麼？這個方法在邏輯推演過程中的關鍵是什麼，推演過程中又借助了什麼思路？

第三是工具層面。在借助方法推演問題的過程中，使用了哪些知識作為解決當下問題的工具？最終得到的知識，作為工具能解決哪些問題？這些問題都具有哪些特徵？在實際解決問題的過程中，要秉承什麼想法才能更加善用這個工具？

當我們從這三個面向審視即將學習的內容時，疑惑必然會增加，這時要整理問題，並帶著這些問題聽課。

很多同學不是不想帶著問題聽課，而是在預習的過程中不能發現問題。他沒有針對思想性、方法性、工具性，審視學習到的知識。課本上的知識，從形式來看往往是簡單的，如果不從這三個面向審視，就很難從中發現簡單背後所藏更深層的規律。

預習是在為學習鋪路，我們要從前面三個面向拆解，使學習複雜化。在複雜化的進程中，必然會遇到各種問題，帶著問題去聽課，你才能豁然開朗。

5 聽課認真，解題效率卻不高

一個人解決問題的本領從哪裡來？

第一種：自己領悟出來。只須讓他看見，他就能從中看出問題的本質，這樣的人往往被稱為天才。他們天生具備一種本領：從自己的經驗和思維出發，拆解當下遇到的問題。

第二種：因為機緣巧合開竅了，像天才拆解當下遇到的問題。在這個過程中他像天才，從自己的經驗和思維出發。不過在開竅前，他需要外部的支援。

第三種：因為他人的引導、演示和強調，他才知道，之後他開始自我訓練，直至能完全把握。

為什麼上完課後，很快就忘？

我先對「開竅」做一個簡要的描述。所謂開竅，是指一個人開始有意識，了解到觀察與解決問題的思維方式。

一個學生之所以非常努力學習，卻還是沒效果，往往說明他不屬於天賦異稟的類型，而是需要外界的支持。對他們而言，**聽課是獲得外界支援最好的方式，因此他的聽課效率直接決定他對知識的把握程度**。

從理論上來講，只要能把老師教的知識用上，在平時寫題目和考試時就能解決大多數問題。以學校的考試為例，每次考試結束時，老師都會站在講臺上痛心疾首的跟學生說：「大家好好看看試卷上的題目，有哪一題我沒講過？」尤其是成績不上不下的學生，更容易出現類似的情況。他們看著試卷上的題目，重新翻開之前的筆記，就會發現老師都講過。然而到了下次考試，他們依舊如故。

很多年前我剛當教師時，當時的主管對新教師講過一段話：「你們將來開始上課時，千萬不要忘記：學生在面對課堂上講解的知識以及題目時，很難舉一反三，他們經常連「舉一反一」都做不到。當你在課堂上說明了一個觀念，並舉出相關例題，把例題從頭到尾詳細的解說了一遍，一週後你會發現班裡只有一半的學生還記得該怎麼解；一個月後，只有二〇%的學生還記得該怎麼解。」

當然，這個現象要先從教師的教學方式開始解決，一名老師若能看到這個現象，並調整自己的教學方式，就能大幅度的解決這個問題。但更重要的是，學生應自己意識到這個問題，調整學習方式，以避免這種現象。那麼，在老師講解概念時，學生應如何調整自己的學習方式？

回到前面的場景：為什麼有二〇%的學生記得老師之前上課的內容？這意味著這些學生的成績應該很不錯，不屬於中等生。而學習處於中段班的學生，對於老師講解的知識和題目，在一個月後會統統忘記。為什麼很多孩子學不進去？因為他們解決問題的能力本身就從課堂而來，每節課都能學到新東西，但他們**一邊學習，一邊遺忘**，在開始寫題目時，自然無法解決問題。

那麼這些學生如何聽課？他們聽課時，最大的特徵是**緊緊跟隨**。老師走到哪，他們會跟著老師走到哪，生怕跟丟了。他們還會遇到**聽課與記筆記之間的矛盾——若緊緊跟隨老師講解，就沒有時間做筆記；若想把筆記記完整，課又跟不上**。所以，每當有學生或家長問我這個問題，我都會判斷這個學生的學習水準應處於中間層次。

他們這種聽課的狀態，又說明他們非常希望自己能學好，學習態度是沒有問題的。

很多拚命學習，卻又無法取得好成績的學生總會發牢騷：有些人成績特別好，但他們看起來沒在認真的預習，也沒有像自己積極的聽課，甚至有些漫不經心，可是為什麼他們在考試時那麼輕鬆？有時老師提出一個有難度的問題，其他同學還在解題時，成績好的學生已經給出答案。為什麼他們能迅速掌握老師說的關鍵，並且快速解答問題？

之所以產生這樣的差異，**是因為擅長學習的學生比其他人更會聽課**。「會聽課」的意思是，不只用耳朵在聽、用筆在記，**而是有邏輯的聽**。很多拚命努力卻處於中間水準的孩子，在聽課時看似認真，卻往往沒有聽進去。

態度是學好的地基

態度很重要，因為態度不認真，就找不到適合自己的學習方法，那麼極可能淪為吊車尾；態度認真，但沒有掌握到好的學習方法，大部分就是中等水準；態度認真，並有更好的方法，才能成為學習優異的學生。有態度、有方法，一定能從優秀走向卓越。

什麼叫做學習態度？我想分享盤古開天闢地的故事。

很久很久以前，天和地還沒有分開，宇宙混沌一片，像個大雞蛋。有個叫盤古的巨人，在混沌之中睡了一萬八千年。

有一天，盤古醒來了，睜眼一看，周圍黑乎乎一片，什麼也看不見。他一使勁翻身坐了起來，只聽咔嚓一聲，「大雞蛋」裂開了一條縫，一絲微光透了進來。巨人見身邊有一把斧頭，就拿起斧頭，對著眼前的黑暗劈過去，只聽見一聲巨響，「大雞蛋」碎了。輕而清的東西，緩緩上升，變成了天；重而濁的東西，慢慢下降，變成了地。

——選自人教版部編教材

一開始，盤古處於一片混沌中，眼前一片漆黑，什麼也看不見，不知道自己在哪裡。盤古想讓自己從混沌之中走出來，該怎麼辦？

盤古此時需要的**不是方法，而是態度**。

甦醒後的盤古有一種源自本能的衝動，那就是走出混沌，走向光明。這時盤古開始晃動自己的身體，因為晃動，天地開始有了裂縫。對於盤古來說，想走出混沌，走向光明，首先要做的是讓自己的身體動起來。

所以，當學習處於後段班的學生向我諮詢如何學習，我給予他的不是方法，而是態度。我會問他：你要不要解決當下這個問題？你有多麼想解決當下這個問題？我現在給你指明一個方向，你能使出多大的力氣做這件事、讓自己堅持多長時間做這件事？

有了態度，這件事就有了開始。**就好比建一棟大樓，態度是地基**，是做事的必要條件。

而當一件事有了雛形，想把這件事再往前推進一步，需要的就不僅是態度，而是須結合一些技巧和方法來精進。

繼續回到盤古開天闢地的故事。

天和地分開後，盤古怕它們還會合在一起，就頭頂天，腳踏地，站在天地當中，隨著它們的變化而變化。天每天升高一丈，地每天加厚一丈，盤古的身體也跟著長高。

這樣過了一萬八千年，天升得高極了，地變得厚極了。盤古這個巍峨的巨人就像一根柱子，撐在天和地之間，不讓它們重新合攏。又不知過了多少年，天和地終於成形了，盤古也精疲力竭，累得倒下了。

——選自人教版部編教材

當盤古看見光明後，他想創造天地、創造萬物。但不是盤古一廂情願就能實現，所以盤古想了各種方法，促成天地萬物的生成。在這個階段，盤古在做事時不再只是靠蠻力，而是依賴方法和策略。

盤古倒下以後，他的身體發生了巨大的變化。他呼出的氣息變成了四季的風和飄動的雲；他發出的聲音化作了隆隆的雷聲；他的左眼變成了太陽，照耀大地，他的右眼變成了月亮，為夜晚帶來光明；他的肌膚變成了遼闊的大地；他的四肢和軀幹變成了大地的四極和五方的名山；他的血液變成了奔流不息的江河；他的汗毛變成了茂盛的花草樹木；他的汗水變成了滋潤萬物的雨露……。人類的老祖宗盤古，用他的整個身體創造了美麗的宇宙。

——選自人教版部編教材

但講方法、講策略並不能造就盤古的偉大，之後盤古做了更重要的事，成就了他的偉大——把自己化成了天地萬物。從小我走向大我，從大我走向無我，這便是一個卓越的人具備的關鍵素養。

如何讓聽課效率更高

在這幾年的教育研究過程中，我不斷跟成績處於中間的孩子傳達：學習講求效率，尤其是你希望自己成為學霸的時候。

有效的聽課，不是努力的跟著老師的講解往前走。如果你在聽課過程中完全不加入自己的思考，雖然也會獲得一定的知識，但這只是形式上的獲得，無法進入頭腦中，自然無法形成自己的解題思路。

學習的目的，是透過學習有限的知識來擴充自己的知識，提升自己的認知水準，形成思維方式。上課聽講即是借助老師對問題的觀察、分析，以及解決問題的過程，提升自己的認知水準。如果你把聽課理解為單純的學一個概念，或學會解一道題，就屬於「無效聽課」。

一個人在做一件事時的態度、方法、專注點以及思維方式，決定他會取得什麼結果。關注什麼，思維重心就在哪裡，隨之而來的結果也會發生變化。如果你轉換視角，帶著問題，以「審視」的方式聽課，那效率自然會大幅提高。

當你開始關注自己的思維方式，就不會糾結於老師在黑板上寫的有沒有記在筆記本上。這時你會把注意力放在以下重點：

- 老師是從問題的哪個點開始闡述？他借助了什麼示例來說明？為什麼要用這個示例，好處在哪裡？這屬於思想範疇。
- 老師是以什麼形式以及邏輯呈現這個問題，這個問題解決的階段性目標以及總目標是如何設定？這屬於方法範疇。

・在實際解決問題的過程中，老師使用了哪些觀念？這些知識分別是解題的哪個階段需要的？在使用時有提到什麼注意事項？這屬於工具範疇。

從以上三個面向，拆解老師講解的內容，可促使自己在上課的過程中處於深度思考的狀態。對剛提出的問題，首先試著自己給出答案；對於不能給出答案的，在老師講解時要多加注意。

現在，我們不難理解為什麼成績好的同學看起來漫不經心。他不是真的漫不經心，而是老師講解的知識都在他的預判中，而他會將自己的分析與老師的講解進行比對。當自己的分析與老師的講解有差別時，他會抬起頭認真聽，也會低頭寫東西——他寫的並非是黑板上的板書，而是將一些關鍵字記下來。

這時又給了我們一個啟示。上課的過程中，不僅要學會從思想性、方法性以及工具性，分析和拆解老師的上課內容，還應及時糾正自己的認知：哪些是老師講到而你以前沒有考慮到的？老師說的哪些關鍵字，讓你在解題時恍然大悟？我們要把這些資訊記下來。

記錄很重要，但最重要的，是藉由記錄不斷審視自己，以優化解題思路。因為你記下來的東西，會趁你不注意時從記憶中悄然離去。我們須在上完課後找時間好好思考，讓新的思路徹底成為我們的認知方式，將它用在解題的過程中。

此外，你可以透過以下的步驟讓思維放大：

第一步：你在哪個概念上發生了認知上的變化？第二步：關於這個概念，你原先的理解是什麼？第三步：關於這個概念，正確的理解是什麼？第四步：老師給了你什麼指導，讓你的理解發生了變化？第五步：怎麼確保以後遇到相關概念和題目時，有正確的想法和思路？第六步：實踐你的想法，變成方法。第七步：把這個方法實際用在解題過程中，測試這個方法是否合理，並再次優化。

上課聽講，**首先要解決的是升級自己的認知，帶著問題聽講，其次是學老師講的知識和解題思路，最後才是記在筆記本上的那些重點和難點。**

6 進入高中，中等生會越來越吃力

我第一次見到佳慧時，她在讀高一。

在我看來，佳慧是一個有想法、有獨立見解的學生。她的興趣很廣泛，且會把課餘時間拿來發展興趣，但也不影響學習。例如，課前會預習、上完課後也會寫作業，成績也一直在前段班，後來考上明星高中。

上高中前，她聽說高中的學習生活大致上是：老師講課節奏比較快，對學生的管理相對寬鬆，學生更須自律的學習。國中時，老師跟家長都管得比較嚴，一切聽他們安排。上高中後時間由自己管理，學習由自己安排。對此她非常憧憬，認為這是自己理想的校園生活。

高一開學第一個月，她遵循以前的學習模式：課前預習、認真聽講，在回家前把作業做完。高中老師的教學理念比較開放，對學生更加包容，出的作業也不多。他們認為，作業不在多，而在精，把課聽好、把作業做好，就可確保將來考上理想的大學。這讓佳慧感受到高中的美好。

但好景不長，佳慧漸漸發現，高中生活並非過去想的那麼完美。高一第二個月，佳慧發現上課能聽懂老師的講解，但寫作業時，效率並不高，甚至感覺力不從心。最明顯的表現是寫作業的時間大幅度增加，有些題目花費將近一個小時，才勉強做出來。

讓她最先感到不適應的學科是物理，然後是數學、地理、歷史。

佳慧原本對學習能力很有自信。國中時上課能聽懂，作業能很快解決。即便是一些難度很高的問題，最多花上半個多小時；但上高中後，即便是比較簡單的題目，也需要近二十分鐘才能完成。

由於寫作業的效率下降，就得花更多時間才能把作業寫完，所以佳慧每天都很晚睡。睡眠不足，又導致第二天精神狀態欠佳，影響學習狀態。這種狀況持續了好幾個月，讓佳慧感到身心疲憊，像回到大考前備考的日子。

讓佳慧感覺更不適應的是在課堂。雖然佳慧能聽懂老師講的內容，但與一些同學有明顯的差別。例如，老師講完一個概念後提出問題，當她還沒有想法，有些同學就已把答案報了出來。

這樣的情況多次出現，讓佳慧對學習能力失去信心，她開始覺得自己是否不夠聰明。

佳慧跟我講這些事時，像在自言自語，表情顯得有些陰鬱，很失落。她難以接受，**從原本的學霸，如今成為班級裡的中等生**。有時佳慧會想，要不要放棄自己的興趣，花更多時間讀書，但她也意識到問題的根源不在於時間。我問佳慧：「有沒有一種被捉弄的感覺？是不是覺得無能為力？」

上高中後應改變學習方式

我們常有這樣的困惑：從自己以往的經驗出發，結合目前的能力，覺得做某件事應該沒有難度，周圍的人也相信自己能成功，但實際做這件事時才發現做不好。別人可能覺得你一時大意或失誤，但只有自己知道，即使拿出全部的實力，也難以成功。

佳慧就有這樣的困惑。她想往前走，卻舉步維艱；周圍的人很看好她，成績卻有負眾望。這使得她一度有點憂鬱。

我常這樣跟學生描述小學、國中以及高中學習方式與成績的關係。

小學時你只須聽課並完成作業，成績就不會太差。若積極參與課堂，再多做練習，一定可取得優異的成績。

國中時你得認真聽講，認真寫作業。此外，你還須多付出努力，成績才會比較理想。若實踐有效率的學習方法，成績就會很優異。聰慧的同學只須做好課前預習、上課認真聽講、作業認真完成，就能取得理想的結果。

到了高中，課前預習、上課聽講、寫作業，這些你都做了，甚至很努力的去做，卻依然不能確保學習的效果。

隨著學業年級升高，學習的重點也會發生變化。前面我提過知識的工具性、方法性以及思想性。小學的學習側重工具性，國中側重方法性，高中則側重思想性。不同階段的重點不同，那麼學習方式也應該不同。

佳慧之所以在高中階段遭遇困境，是因為她沒有意識到，**讀高中時學習的重心出現變化，而她的學習方式並沒有跟著改變。**

讀小學時，只要知道概念就可解決問題；若熟練掌握概念，就能高效的解決問題。這裡的「知道」是指將知識作為工具，你知道這個工具能解決什麼問題。

讀國中時，嚴格按照流程的要求才可解決問題。解決問題前，若徹底掌握流程，並關注到流程的細節，能順暢的解決問題。若對流程中用到的知識很熟練，就能高效的解決問題。這裡「嚴格按照流程」指的是按照須遵循的方法。例如，解析某道題目，按照老師講的步驟和理論，一步步推導就能完成。

但高中的學習更加複雜。首先要了解概念，將題目的問題與所學的概念銜接起來。其次，要找到問題的核心點，將概念靈活運用到解題中。接著，找到解題的切入點。最後從切入點著手，運用概念推導出核心問題的答案。總體來說，光掌握概念沒有用，得舉一反三，將知識靈活運用到實際解題中才行。

與佳慧有類似困境的學生，通常在剛進入高中時就覺得很吃力，因為學習方式不對。他們習慣了學習概念，按照程序解題。此時存在兩個主要問題：其一，概念的理論，應用非常廣泛。老師講了理論知識，也舉例了一些運用題，但不可能講到全部的運用方式。不同題目的運用千變萬化，只掌握一個理論，應對不了複雜的題目。其二，解題方式也很複雜。這不僅要求學生掌握理論，還得遵循一定的解題邏輯來運用知識。就像各式各樣的積木，老師只能教你怎麼搭積木，不可能教會你怎麼蓋一座城堡。就算教了城堡怎麼搭，考的就一定是搭城堡嗎？有很大的機率不是。

不僅如此，隨著高中課程進展，要求學生掌握的知識越來越多，面對的題目也越來越複雜。很多題目須綜合運用多種概念，花上十幾個步驟才能解決，甚至更多，讓本來對學習感到吃力的學生雪上加霜。如何應對高中學習？須掌握兩個要領：

- 熟練掌握理論知識，不僅要知其然，還要知其所以然。這樣不論題目怎麼變換，都能找出問題的核心。核心問題找到了，解題就容易了。
- 改變學習思想，不是一招打遍天下無敵手，對概念要學會統籌分析，多方面運用，還具有一定的發散思維。多數題目都不是考單一概念，而是考多個概念的綜合運用。

第二章

努力卻沒結果，又不敢不努力

1 看見差距，明白差距，追上差距

我們必須承認，在學習這件事上，人與人之間存在差異。

同樣的一堂課，我們認真聽了，身邊的同學也認真聽了，聽完後，大家都說聽懂了。而後老師出了一份考卷，我們花三十分鐘做完，考了八十五分，而身邊的同學花不到十五分鐘就做完，還考了滿分。

同樣的一篇文章，我們讀了三遍才讀懂，而身邊的同學看了一遍就明白。然後，我們花二十分鐘甚至更長的時間，才把文章背下來，而身邊的同學僅花了十分鐘就背下來，而且非常流暢。

當我們開始看見這些現象，意識到差距後會怎麼樣？

「為什麼他的分數考得比我高？為什麼他的速度比我快？為什麼他背得比我

流暢？我是不是適合學習？我在學習這條路上是不是走不通？」相信有比這更多的負面資訊充斥在我們的頭腦中。這時我想跟大家說：「停！」

停止自我批判，因為這些疑問對於解決問題無濟於事。

我以前的主管曾和我說：「我希望你記住：**當你碰到一件很難的事，不要恐懼，你要做的是想辦法解決它**。你要開始相信，一定有解決的辦法。之所以現在無法解決它，是因為還不能看清楚它。」我也把這段話送給大家。

是問題就一定有解決的辦法，現在要做的是**面對這種差距，不退縮**。人與人是有差異的。所謂差異，是指每個人擅長的不一樣。在同一個點上，因為擅長的不同，人與人之間存在差距。面對學習上的差距，我們該如何保持理性？我常對學生說：「**什麼叫做成熟？就是在看見差距後能明白差距**。」每個人都有自己的特長。一個人上課聽講、考試拿分、閱讀文章以及背誦課文都很有效率，是不是等於做別的事也一定很有效率？

當我們看見他人的學習全貌，也許就能明白他們也並非事事擅長，甚至面對學習這件事上也是如此。例如寫作，或許他們總不能緊扣主題、妙筆生花。我們不能管中窺豹，更不能以他人的優點來否定自己。當然，我們也不能因為看見別人的不好而沾沾自喜：「他也有不好的地方，我還以為他是全才。」我們要學會接受他人比我們好的地方，並向他學習。

我想分享這段話：「我舉起望遠鏡，望向全世界，我發現沒有任何對手，全是我學習的榜樣。」同樣的，我們看到與別人之間的差距時，也請把這句話讀上幾遍，不要自我否定。

2 差異會展現在哪些方面？

學習需要的能力分為兩種：一種是理解力、記憶力；而另一種則是勤奮、專注力。

理解力、記憶力，似乎是與生俱來。

當你搞不清楚該怎麼解一道數學題目，去請教同學，而同學在看完題目後，說：「這道題不會很難。不是有這個條件嗎？三角形ABC的周長是不變的，是十八，同時B、C這兩個點是定點，結合另一個條件可確定B到C這條線段的長度是八，所以A這個動點到B、C這兩個定點的距離的和是十。而後結合橢圓的定義，一個動點到兩個定點的距離的和為定值的點的集合，在這個距離的和大於兩個定點的距離時，是橢圓。我們從這個點出發，而後開始……。」不須等同學把問題講完，只須讓你明白那個動點形成了橢圓，就能解決問題。

這時如果是懂得如何學習的人，會就此打住，自己寫完題目。這時你可能會問同學：「你是怎麼從題目中的那個條件出發，想到要結合橢圓的定義來判定A的軌跡是橢圓？」

其實，你只是需要有人提示才能看見這個點。你缺的是如何在沒有他人提示的情況下，也能想到要從這個點入手。所以這個問題問得特別好，畢竟授人以魚不如授人以漁。但我估計，你在聽到同學的回答後會感到鬱悶。因為同學可能會說：「讀題目時就看見了，覺得這個條件特別重要，然後從這個點開始想了一下子，就做出來了。」

你在讀題目時也看見那個條件，但當時不覺得它有多重要，所以就沒有從那個點出發往下想。

這時如果是知道向人學習要學什麼的人，應該會繼續問一個重要的問題：**「你當時為什麼覺得那個條件極為重要？」**大多數同學在聽到這個問題後，會怎麼回答？他們的回答往往是：「不為什麼，我在一看到它時就覺得很重要。」同樣的現象也發生在須背誦的內容上。其他同學背一篇文章僅需要二十分鐘，而我們往往需要將近四十分鐘，甚至一小時。當我們向他討教方法，他給的往往也是類似的答覆。

而勤奮、專注力，似乎也是與生俱來。

墨耘當時讀高三。某一個週末，我在辦公時，她一個人走了進來後說：「老師，我現在讀高三，不知道為什麼，我的數學在上高三後總是只能考到一百零五分（按：中國高考〔普通高中的大學招生考試〕數學滿分為一百五十分）左右。我想了很多辦法，包括向分數比我高的同學請教。上課時，老師講的那些知識、方法，包括題目，我都能聽懂。下課後，我也把該寫的作業寫了，還把課餘時間以及週末都用在寫題目上，可是每一次考試，分數還是絲毫沒有改變。

「針對我現在的狀況，您覺得我該怎麼辦？能不能給我提一些建議，或我想請您幫我上幾堂數學課。這樣的話，您會更了解我的情況。我把我最近考的考卷和做過的題目也都帶過來了，您能否幫我看看？」

一個老師碰到這樣積極向上的學生，聽到如此懇切的請求，看到她為了得到支持而做這麼充分的準備，我當時一下子就來了興致，特別想了解她的情況，想幫到她。

在看完她的考卷以及做過的題目後，我又口頭考查一些數學問題。而後我跟她談了在數學上的建議，包括具體的做法。聽完我的建議以及要求後，她問我：「老師，您認為我須在多長時間內把您說的這些做完？」「兩個月吧！如果能在兩個月內按照我的建議和要求去做，妳的成績可以保持在一百三十五分以上。」我跟她說。「老師，您放心，接下來兩個月，我一定能做到。兩個月後，我跟您彙報我的成果以及我的感受。」

無論哪個老師，如果遇到這樣的學生，都會特別欣喜，特別願意跟這樣的學生交流。

跟墨耘接觸越多，對她的了解也增加了。墨耘出生在雙薪家庭，爸爸在一個研究所工作，工作量非常重，所以從小到大，墨耘的爸爸幾乎沒有關注過她的學業成績；媽媽在印刷廠工作，主要負責試卷印刷，出於保密要求，每年至少有三個月的時間不能跟家人有任何接觸。總之，爸爸媽媽幾乎都沒有過問她的學習。

墨耘說有一段時間，她為了搞懂物理，就沒日沒夜的讀書，結果有一天到凌晨三點多還沒睡覺。無論你是學生還是父母，我相信大家一定都會敬佩墨耘。

做父母的會想，自己要是有這樣的孩子該多好，不必每天因為孩子的學習而感到焦慮。做學生的會想，她究竟是怎麼做，才能對學習這件事如此用心？她究竟在學習這件事上找到什麼樂趣？

當我問她這些問題，她說：「也沒什麼，就是學習時感到特別充實，覺得挺好玩的。每當我解決一個很難的問題，就特別有成就感。至於為什麼會如此廢寢忘食，我並沒有覺得自己廢寢忘食，只是覺得沒有解決問題就感到不舒服。」

墨耘的回答對於我們來講，似乎沒有價值，甚至會讓我們開始覺得自己的頭腦不夠機敏，自己的學習能力不好。我們是不是就只能這樣了？

3 高手是透過向他人學習而成為高手

在我們看來，有些同學的學習能力似乎是與生俱來。他們知道應該如何把握一個問題的關鍵以及規律。不過當你看到這裡，我希望你不要感到絕望，並繼續往下看。

學習高手往往分三種，第一種是天生知道為什麼要做好學習這件事，知道如何把這件事做好。

我們的身邊不一定存在這樣的人，但在我們的成長過程中總能聽到這樣的人的存在。當我們還在閱讀繪本，掰著指頭數數字，他們可能已開始閱讀大部頭的書，跟大人討論數學、物理問題了。當我們開始覺得閱讀那麼厚的書是一件令人痛苦的差事，覺得數學題目總做不完，他們已開始透過書寫來表達自己的思想，或參加各種競賽、拿獎盃了。他們似乎生來就具備這些能力。

當我們聽到或看到這樣的人物時，總把他們當成傳奇，覺得這樣的人距離我們很遠，也從來沒有想過拿自己跟他們比較。

第二種高手是，因為某種機緣巧合知道了為什麼要做好學習這件事，知道如何把學習這件事做好，也就是某個人突然開竅了。

這樣的人常出現在我們身邊，稍加注意會發現，好像每年有那麼一、兩位同學。在那之前，他們很普通，要麼是不學習，要麼是總也學不好。但不知道從什麼時候開始，他們好像換了一個人，極其努力，廢寢忘食，而且學習效率還特別高，彷彿過去所有的一切都是裝的。

我們常會好奇他們究竟遇見了什麼，羨慕他們做事的狀態以及解決問題的效率，想知道該怎麼做才能跟他們一樣開竅，但這樣的機遇總也沒能碰到。

第三種高手是，**在成為高手之前知道為什麼要把學習這件事做好，知道如何把這件事做好**。

有一句話說得非常棒：「讀萬卷書不如行萬里路，行萬里路不如閱人無數，閱人無數不如高人指路，高人指路不如自己去悟。」這個類別的高手在成長過程中因為外界的支持，如父母、師長、同學、書籍，開始明曉學習這件事的價值與意義，開始懂得如何把學習這件事做好。

這個世界上生來就是高手，以及因為機緣巧合而開竅的高手，占高手的總比率並不高，甚至可說是非常低。我們始終要相信：**更多人是透過向他人學習而成為高手**。

人都不是全知全能，每個人都存在認知的局限。在我們眼中那些天才、開竅的高手，也只是在當下你最關心的學習上表現出優勢，並非事事都如此。

一個人想在這個世界上變得幸福，只有很強的學習能力遠遠不夠。當你對學習這件事深入思考後，就會發現我們與當下關注的那些高手具備的能力，彼此之間存在的並非是真正的差距。我想向大家傳達一個信念：我們可以透過學習，獲得想要卻一直達不到的能力。因為成為高手應具備的能力其實潛藏在你的身體內，只是你從來沒有感覺到，沒有去挖掘。

你能理解老師講的內容，只是理解的時間有點長，理解的深度不夠；解決問題時，顯得不夠從容、完美、迅捷；對於須記憶的內容，你能記住，但花的時間有點長，且過一段時間後，記憶會有些模糊、模稜兩可。你能按部就班的學習，用心對待應該掌握的知識，但不能堅持更長的時間研究，至把握住知識的核心。

高手在做的事，我們也在做，只是不能做到極致，原本我們具有成為高手的可能，但囿於不自知，沒能讓自己變成高手。相信自己的「能」，才能將自己現在的「不能」轉化成未來的「能」。

4 學霸的方法，你不一定適用

很多學生並非不具備成為高手需要的能力，只是不能將之發揮至極致。面對這樣的狀況，我喜歡用這句話來形容：不知道自己知道。

還記得小時候學過蘇軾的《題西林壁》：「橫看成嶺側成峰，遠近高低各不同。不識廬山真面目，只緣身在此山中。」

有的學生面對如何把學習這件事做好時，會深陷其中，不能站在更高的高度審視，導致一直在做，但總不得要領。他們也夢想著有一天成為高手，但能看見的只是高手在形式上做的事，對於高手之所以成為高手的核心無從把握，所以做了很多事，做了高手當下在形式上做的事，但結果往往無法讓自己如意。

若身處不同階段，向上成長的方式也不一樣。高手當下在做的，是他已成為高手後，為了更進一步成長而做的事，並非適用於一般人。

上課時，班裡的學霸總顯得雲淡風輕，常表現得似聽非聽，眼睛沒有緊盯著老師，只是偶爾抬起頭來看老師和板書，在筆記本上寫上幾行。然而當老師提出問題讓大家回答，學霸在其他學生還沒有想法時就已給出答案，而且解答過程也讓老師驚豔：這個問題原來還可這樣處理；寫作業時，我們才剛開始寫沒多久，他們就已經寫完，正確率還很高。

「學霸原來是這樣學習！」我們常覺得自己已知道高手成為高手的原因。他們上課時沒有特別關注老師，只聽自己想聽的；回答問題時，只用自己的方法而非老師的方法；寫作業時速度比較快，是因為他們之前做了很多題。

我們看到了，所以也按照看到的方式開始學。上課時開始試著不特別關注老師，只聽自己想聽的。但結果並非所想，不僅想聽的沒有聽明白，我們認為不怎麼重要的、不須認真聽的，也沒有聽明白。

老師提問時，我們也想從自己的想法出發得到問題的解決之道，但結果往往是：要麼沒想法，下不了手；要麼特別繁瑣，遠不如高手呈現的條理明晰。

課餘時間，我們拿出大把時間準備刷題，練習冊準備了好幾本，但往往花了好多時間也沒能把其中一本寫完，還耽誤了寫作業的時間。

不是不想成為高手，而是特別想成為高手，也做了許多的嘗試與努力，但收效甚微。問題出在哪？僅從形式出發，而不能從核心出發，最終只會東施效顰，因不適合而無法幫助自己成長。

真正優秀的學生在實際學習時，一定有方法，只不過，他採用的方法不適合我們。

學霸的水準已達到聽完老師的講解後，馬上能從中概括出問題的理論。而我們聽完老師的講解後，只是有感覺了，且這種感覺一不小心就會從大腦中消失。我們還須在有感覺的基礎上再多做一些工作，才能使此時的感覺上升為理論，而後才有可能作為實際行動時的參考。

學霸的世界觀、人生觀以及價值觀已趨於成熟，他很明確自己要什麼，知道怎麼做才能實現目標。所以他在面對未來時，能張開雙臂去擁抱生活，不被當下的坎坷阻礙；面對當下時能下得來，按部就班的做簡單而具體的事；面對自己身處的環境時能上得去，看見別人，從他人的眼睛去看世界，不忘自己應做的事，但在正式場合表達嚴肅問題的同時，保有一顆赤子之心。

而在我們的眼中，世界是混亂的，不知道該走向何方，對未來的期許更像一種幻想；實際做事時總是患得患失，不能完全做完；面對周圍的人時，總從自己出發去揣測。高手在實際做事時能全情投入，所以他能進得去，出得來。而我們在做事時，只能看到事情本身，無法深入核心，更不能看到事與事之間的聯繫。因此我們若只去學習他們表面的行為，是沒有意義的。

5 天道酬勤沒問題，那是哪裡出問題？

何為學習？學習就是用他人優秀的理論或方法，來武裝自己的頭腦。向他人學習，是學習他人在這個世界上行走時遵循的理論或方法，而非他們做人或做事的模樣。

從前一節的內容中可以發現，學霸其實只是做了對於他們來說正確的事。但**對中等生來說，要變成高手，要做的不一定全是高手正在做的事**。不能跟那些已成為高手的人做一樣的事，那該做什麼？

當我們在這個階段，可能會有人給提示，或我們也意識到，基本功很重要。而想獲得基本功，得勤奮做事。我們開始相信勤奮可幫助我們解決當下的困境。以前之所以不能成為高手，是因為只看到學霸做事「雲淡風輕」的姿態，並沒有把握背後「無與倫比」的付出。意識到這個道理後，我們可能會努力說服自己，換一種方式開始學習生活。

飛凡是我以前遇過的學生。

在以前，尤其在國二前，飛凡從來不覺得學習是一件難事。無論是上課，還是上完課後寫作業，他都不覺得費勁。儘管自己的成績只是一般，但當時的他認為，學習的目的不在考試拿高分，而是為了「明白」。

這樣的想法有問題嗎？可以非常肯定的說，沒有問題，而且他的想法還非常前衛，符合了對於學習的真正意義。

升上國二後，飛凡發現事情慢慢有了一些變化。上課時，他覺得自己明明聽懂了，但對於老師提出的問題，開始感到有點力不從心，反應的速度也不如之前迅速，尤其與班裡的學霸相比，差距變得更加明顯。

以前，老師提出問題後，他稍加思考就能得出問題的答案，儘管不像高手的速度一樣快，但差距也並不大。若時間再充足一點，他也能提出更好的解法，儘管不像高手表現得條理明晰。但後來不一樣了，他在課堂上解題花費的時間明顯增加，當學霸快要寫完答案或回答到中後段，他才意識到問題怎麼解決，且他已越來越難提出自己的想法。

當意識到這些時，他開始觀察學霸的特點，並結合自己的問題分析，最終得出一個結論：**之前學習時不夠認真，導致自己與他們的差距越來越大**。想到就開始去做，於是飛凡開始做規畫。

首先是時間分配。他把每天的休息時間壓縮到六個小時，晚上讀到十二點，早上六點起床。甚至起床後到上學前的這段時間，他也拿來背英文單字、古詩詞等。接著是自我激勵。他每天會花一點時間閱讀一些勵志類的名言警句，甚至要求自己把這些句子記下來，貼在任何能看到的地方。

以前飛凡看不上那些廢寢忘食學習的同學。他一直信奉的學習信條，也是我不斷向我的學生傳遞的：學習只是一種生活方式，沒那麼嚴肅，也沒那麼凝重，也不須那麼正式，只須找一個角落，安頓好自己的肉身，安頓好我們的心靈，就可開啟一場愉悅的靈魂之旅。

以前的他若知道現在竟然會如此廢寢忘食的學習，一定會鄙視自己。不過，當他開始這樣學習，他發覺之前的自己如此狹隘，因為勤奮的學習，跟以前信奉的學習信條其實並不矛盾。以前的自己只是看到學習信條的外在，並沒有看到它的核心。

當他開始這樣做後，明顯的意識到自己的變化。以前覺得不重要的地方，其實還有好多概念沒有把握，覺得已把握的知識其實也並沒有完全把握。他開始覺得自己的時間完全不夠用，每天有那麼多的事要做：還有單字沒記牢，還有應背誦的文章沒記住，還有一本練習冊沒有寫完……他覺得自己就像一個陀螺不停旋轉，隨著危機意識加強，他開始產生焦慮，也不斷壓縮自己的睡眠時間。

他的付出也逐漸換來一些變化。上課時，儘管不像高手一樣雲淡風輕，但在老師提出問題時，他開始能以比較快的速度回答，儘管還是比高手慢一些，但已縮短了很大的距離；寫作業花費的時間也少了許多。這些變化讓他很欣慰，覺得自己一直以來的努力並沒有白費。

第一次考試時，他的各科成績都有變化，儘管變化不大，但他相信之後的考試一定還會提升，因為自己勤奮的時間還不夠長。果然到第二次考試，他的各科成績又往前進步。但這兩次考試的結果並沒能讓他滿意，因為他還是與成績優秀的同學差很遠。

已經這麼努力了，還是不能得到預期的結果，他想過要不要繼續堅持下去。

如此廢寢忘食的學習換來的，只是如蝸牛般前進，這樣的結果無論放在誰身上，都很難接受。好在飛凡要求自己繼續堅持，畢竟自己的付出還是有回報，這個回報之所以沒有達到預期，也許是因為付出的還不夠多。

第二次考試後，飛凡明顯比以前更加勤奮了。他的眼裡好像只剩下學習，一切與學習無關的事都被他忽視，週末休息的時間也都被他好好利用。

但第三次考試結果出來時，他傻眼了。他把發下來的試卷翻來翻去，覺得是自己看錯了，不然就是老師改考卷時改錯了。他無法相信當下的考試結果：飛凡的成績跟上次相比，「紋絲不動」。這時飛凡的情緒有一些崩潰，如此努力換來的竟然是紋絲不動。

是繼續堅持，還是放棄？站在這個十字路口，無論是誰，都很難做出選擇。若堅持，堅持後的結果是不是會跟這一次一樣？甚至還不如這一次？但如果選擇放棄，就意味著放棄自己的信念，同時也沒有更好的解決辦法。飛凡開始反思自己這段時間如此努力奮鬥的原因——是為了考試分數，還是為了真正掌握知識。當他想到自己的目的是能更有效率的學習，他開始釋然了。

稻盛和夫的成功公式

努力學習，順便拿分，分數只是能力成長的附帶品。當你努力學習了一段時間，儘管過程中很用功，且確實發現很多知識是之前沒有掌握的，但**如果時間還是很短，那就是「歷史欠帳」導致成長進入瓶頸期**。更何況，如此努力學習，並非只為了考試拿分、排名次。掌握了應掌握的知識，分數自然會來，名次自然向前進。

當飛凡明白這個道理後，便開始繼續努力。只是接下來他多了份淡定，少了些焦慮。儘管之後將近一年的時間裡，他的名次都沒有任何變化，但他還是一如既往的往前走。

那一年的大考，飛凡心態平和，基本功相對扎實，最終拿到了一個比平常考試好的分數。這是一個天道酬勤的典型例子，但這個故事還沒有結束。

讀了高中後的飛凡繼續用國中的學習方式，依然努力。因為過往的經歷，飛凡堅信自己的信念，過一種鎮定、緊張而有序的生活，努力學習，順便拿分。

但高一期中考的結果給了他一個晴天霹靂！那些平日裡放飛自我的同學考得

竟然都不錯，各科分數都要比他高許多，而他的成績竟然下降了。飛凡因此感到迷茫。在開學後的這兩個月中，飛凡按部就班的做著一個學生的分內之事，像國中一樣繼續努力，結果卻是如此。

我常對學生說：「要知道，國中的學習比小學難，高中的學習比國中難，大學的學習比高中難。大學畢業後開始工作也會面臨學習，只是那個時候不再只限於學習，而且也沒有標準答案可參考。」那我們該如何應對？上課好好聽講，認真做筆記，下課後認真完成作業，利用更多的課餘時間，盡可能去刷題。但這些能想到的事都做完後，不一定會得到想要的結果。

是哪裡出問題了？這個問題不單是飛凡的問題，也是千千萬萬個學生在問的一個問題。從教十幾年來，我見過太多學生在面對學習時的無奈：**一直在努力，結果卻很慘澹；但又不敢停止努力，因為一旦停止努力就一定會退步**。

高中生處的年齡階段，是世界觀、人生觀以及價值觀逐步建立並走向成熟的關鍵期，思想由混沌走向有序，很容易陷入壓抑的情緒，導致精神上的痛苦。飛凡在期中考試結束後就陷入這種痛苦的情緒中。不是因為考試的結果不好而痛苦，而是因為這個考試結果包含的意義。在飛凡看來，這個結果否定了自己一直以來堅持的信念。

經過這兩年多的時間，飛凡覺得自己成熟了很多。他一直在要求自己認真活著，希望透過努力換得美好的未來。但此次遭受的打擊讓他不得不開始反思：一定是哪裡錯了。而天道酬勤這個道理絕對沒有問題，努力學習也沒有問題。

那究竟是哪裡出了問題？

日本企業家稻盛和夫在他的自傳中，談到事業想成功時給了一個公式：一個人在事業上的成功＝思維方式×能力×努力（熱情）。其中思維方式的範圍是負一百至一百，能力的範圍是零至一百，努力（熱情）的範圍是零至一百。

很明顯，**飛凡的能力以及勤奮是到位的，之所以沒能取得好的學習結果，一定是思維方式上的問題**。反觀飛凡這兩年多的學習行為，會發現他只是從自己出發，盡自己的所能學習，而沒有睜開眼睛去看真正的高手在做什麼。**學習是需要「學習」的，透過尋找真正的高手做事遵循的思維方式，並對自己的頭腦加以改造**，才能真正成長。

6 只讀課本不讀書，分數再高也走不遠

有一次，我兒子忽然跟我說：「爸爸，我發現讀書比打遊戲有意思多了。」我聽到後非常開心，問他為什麼突然這麼想。他說：「爸爸，你看，打遊戲你打上半天，死的角色一會兒就復活了，還得再打，真沒意思。可是讀書可以一直讀下去，一環扣一環，很有趣。」

之前他正在讀劉慈欣的《三體》和毛姆的《月亮與六便士》，白天上學，利用課間休息的時間讀，晚上回來，做完作業就趕緊讀，讀到不願意睡覺。

為了讓他愛上讀書，我和妻子這幾年可沒少和他鬥智鬥勇。為什麼我們要這麼絞盡腦汁的讓他讀書？甚至他若語文考五十五分，我不煩惱；數學考一百分，我也沒多高興。但偏偏讀書的事，我看得比天大！因為，如果沒有養成愛讀書的

習慣，成績再好的孩子，未來也走不遠。

第一，不讀書，就會被個人經驗所困，人會變得狹隘。

有人說，世界有多大，人的心靈世界就有多大。這句話乍聽之下滿有道理。可是這是幻想。因為我們人活一世，有一個大大的限制，就是肉身。你的心靈再大，也是囚禁在肉身裡，高不過兩公尺，重卻約幾十公斤，不好移動還極嬌貴，有使用期限，多走幾步還行，若不眠不休的亂跑，說不定還會提前報廢。那自由翱翔的心靈囚禁在肉身中，你讓它能翱翔到哪裡去？

心理學家阿德勒（Alfred Adler）說，我們的心靈活動其實依賴肉體在物質世界的運動。所以看似自由的精神之花，也是有限制的。一個人的智慧、知識、才學、見識和創造力都不是無限的，它們局限在個人的經驗中。而經驗則是被肉身牢牢鎖定，被周圍的環境深深影響。你能想到的，就是你身邊目之所及、手之所觸、肉身經歷的全部，而這些又會成為構築未來的基石。

有這麼一句話：你今天看到什麼，未來就將得到什麼。回歸現實就會發現，因為環境的限制，一個人一生智識發展的高峰通常在三十五歲時止步，如果不愛學習、不愛思考，則會更早結束，十五歲以後，精神世界就停止生長。

所以「狹隘」這個詞，從出生的那一刻起就伴隨每一個人，是終生都很難擺脫的桎梏。可是，我們希望有更大的作為，超越自我。而想超越自我，就要跳出個人經驗設置的牢籠，看到你之外更廣闊的世界、更優秀的人以及他們頭腦中的思想，從而獲得更多的經驗。

你以為是天賦，其實是讀書破萬卷

那麼如何拓展眼界？三條路：讀萬卷書、高人指點、貴人相助。而閱讀，是門檻最低的一條路。書籍就是他人經驗和智慧的結晶。讀書，就是給自己複製別人的經驗和智慧的機會。

讀書就像打開了一扇了解世界的窗戶，你也許沒有機會去親身了解全世界，但在這個世界上發生的一切，以及由此而得出的經驗、思想，都可透過書本呈現給你。**知識是新的，但很多人是舊的**，就是因為他們在求學時，**除了讀課本之外，什麼書都沒有讀過**。

課本讀得好、練習冊做得好，加上腦子靈光一點、學習勤奮一點，在學生時代的確能拿到不錯的分數，進入一所大學。但社會和學校對一個人素質的要求是不同的。學校檢視的是你的課本，社會檢視的是你的全部。你讀過的書、走過的路、見過的人、經過的事，你頭腦中的一切思想都呈現在外，經歷著這個世界的考驗。

這就像玩雜耍，以前兩隻手只須扔一個蘋果玩，蘋果就是知識和技術，這隻手扔，那隻手接，很順暢，這是在學校的情況；但進入社會，要扔和接的不是一個蘋果，是同時有兩個、三個、四個，如果經驗不夠、智識不夠，就會手忙腳亂。

有的父母不讓孩子看課外讀物，即便學習寫作文，看的也是《優秀作文選編》，他們把課本之外的書稱為閒書，怕占用學習時間。但他們不明白，書讀得越多，學校課本上的那點東西才會學得越好。就好比臺上一分鐘，臺下十年功。考試其實就是臺上一分鐘，薄薄一張考卷，功夫都在考卷外。

我的妻子趙老師之前帶的一位男同學，其他成績很一般，但文科成績很好。大家每天背得頭暈目眩，他只是靜靜的翻書，氣定神閒。

後來才知道，他從小就是歷史、地理的深度愛好者，讀了無數史、地、政方面的書，雖然看似不務正業，但這時就用上了。那些地圖、時間、洋流、大氣，國家的風土人情、歷史事件，就像天生長在他腦子裡一般。

你以為是天賦，其實只不過是讀書破萬卷。這些知識不僅幫他在考場上攻城掠地，而且因為接觸良久，早已化為他自身的一部分。

所以要知道，**愛讀書的學霸和只讀課本的學霸大有不同；不愛讀書的「中等生」和愛讀書的「中等生」，未來進入社會也不同**。

華為創辦人任正非讀大學時，除了非常刻苦的學習專業知識，還讀了很多哲學書籍。這些書籍乍看跟本科系、前途的關聯不大，卻開闊了他的眼界，讓他學會從根本和全域的角度來思考問題，為他未來領導一家世界級的企業、跟全球最優秀企業進行世界性的角逐，提供了廣闊的視野和思考問題的基礎。

如果孩子肯讀、愛讀、讀通透了，甚至會帶來很大的影響。希望孩子的路越走越寬，底子就要越厚。這個底子，是書底子。不要擔心孩子變成書呆子，**所謂書呆子，其實不是書讀得太多，而是書讀得還不夠**。

第二，書讀得多，口才好，人脈才會通。

很多父母一看孩子內向，就很擔憂，以後人際關係不好，在社會上怎麼走得通？說得是，不過只說對了一半。在社會上走不走得通，看的其實不是內向還是外向，而是肚子裡有沒有貨。

我總會見到有些孩子，他們在和我交談時，不懂的就問，很有禮貌，有邏輯的思考。這就是讀書求學的好處。

想培養人際關係，主要靠交流，而交流看的是口才，**口才背後是看能力有多強**。有能力，就有人際交往的自信，跟性格外向還內向的關係反而不大。外向的人，很熱情，很自來熟，但在一些正式的場合，他就臉紅脖子粗，一句講不出。

而另外一些人，可能平時不太愛說話，但要探討嚴肅、不好解決的難題時，言簡意賅，自信從容，一出口就講到重點，不少人從此對他刮目相看。

你讀的書少，頭腦就空空，心靈世界就不細膩豐富，那麼思考問題的支點就少，察言觀色的能力就弱，抓不到講話的重點，語言表達的能力就弱，無法充分的傳達想法，這時你要做事，就會寸步難行。

當今是一個文明、開放的世界。文明，意味著人與人的交往不再是靠拳頭，而是靠講理；開放，意味著要發展，就要走出自己的小圈子，投身到更開闊的世界裡，跟陌生人學習、打交道，跟他們合作共贏。

進入社會，經常得拿嘴說話。無論做什麼工作、開發什麼產品、發現高深的原理、發生矛盾糾紛，都要講出來，講給大家聽，讓大家聽懂、心服口服，**你才能得到資源**，你的思想和價值才能傳播。

今天的社會分工極細，沒有誰能獨善其身，所以，好的溝通、好的口才，就是行走世界的腿。

第三，書讀得多的人有智慧，才能安頓好自己的心靈世界。

讀書，看上去是在跟書本裡的人對話，其實是**藉由書本在跟自己對話**。讀書其實是一次靈魂之旅。就像你孤身一人，坐在一列長途火車上，呆看著窗外的風景，沉思默想，奔赴那茫茫不知的前途。

所以我們會發現，手不釋卷的書迷和手機不鬆手的人相比，精神氣質不同。讀書越多，外表寧靜而內心充實；滑手機則雙眼空洞，而內心煩亂茫然。

讀書，是在用智慧來撫慰心靈。所以愛讀書的孩子，多省思，因時時關照自我的內心，冷靜看待周遭的一切並產生智慧，有了智慧，行事就有了邏輯，面對矛盾衝突，能從各方面思考，人就變得淡然而從容。先讀書，之後才學會閱世。何為閱世？就是閱讀這個世界。

我們如今的社會浮躁而光怪陸離，如果不加審視，很容易隨波逐流，進而失控。所以多多走進書本，進入心靈的世界裡，就能走出世俗的喧譁，多一分從容和清醒。

最後我想說，課本要讀好，因為課本也是書，是高度凝結文明的書，不但要多讀幾遍，還要精讀、細讀，這樣你就有文明的基礎。其次要四處蒐羅更多的好書來讀，記得一定要讀好書，不帶功利之心的閱讀，因為腹有詩書氣自華，書到用時方恨少。

人生有限，而世界無限。以有限的人生搏擊無限的世界，我們需要更多的支點，而書籍就是延伸思想觸角的朋友。

7 認定自己腦袋差，是最糟的自我否定

很多人認為，只要勤奮就能學好。如果夠勤奮還學不好，那就一定是腦袋不好。這種簡單粗暴的認知，多多少少促成了很多孩子的「宿命論」——認定自己就是腦袋差。

「宿命論」往往會在十歲後開始在一些孩子的頭腦中發芽。從客觀的環境來看，十歲之前學的內容往往不難，即便和其他同學有差距，也不明顯。十歲前，他們往往只生活在自己的世界，經常從身體感知，理解與判斷這個世界，從本能出發來對外審視，很少有關於「我」本身的審視。

十歲開始，隨著精神以及心理再次發育，他們開始意識到自己和周圍的人。以前他們看到自己與別人的差距時，還只認為是自己不夠勤奮。跟飛凡一樣，他

們相信自己再稍加勤奮後，就可與別人一樣成為成績優異的學生；若足夠勤奮，能成為學習高手。然而慢慢的，他們發現事實並非所想。他們曾努力過，但發現努力並不能讓自己跟別人一樣優秀；他們曾極其努力過，但發現只是稍稍有了改變，並非想像的能超軼絕塵。

在第一次努力後，他們還能給自己找到一些理由再奮鬥。但如果第二次、第三次努力後，依然無法看到自己進步，這時周圍引導者的教導就會出現在頭腦中：也許，我真的不擅長學習，無論我多麼努力，也是如此。

一個人並非一開始就相信「宿命」。但經歷奮鬥或抗爭依然無法看到希望後，他發現自己的行走軌跡被他人一一說中時，便會相信「宿命論」。**這個相信是一種極其可怕的自我否定**，讓孩子對未知領域探索的欲望被淹沒。

父母不相信自己能考好

錦豪是我曾遇過的一名學生，他就是因為「宿命論」耽誤了自己的成長。在錦豪的父母看來，學習要看天賦，若天賦不行，再怎麼努力也無用。從小到大，錦豪從父母那聽到最多的一句話便是：「成材的樹不用修剪。」

從開始上學一直到小學四年級，錦豪的成績在班裡都不上不下，上課、下課寫作業也都中規中矩，沒有特別出色的地方。不過，錦豪也不覺得這是一件令人擔憂的事，每天高高興興的上學，享受著童年，所有的一切在他看來都很美好。即便有幾次他意識到別的同學的成績比自己好，但也只是在腦袋中停留了一下，而後就隨風飄散。

父母看到錦豪的學習狀況，也曾往好的方面想，試著努力幫助他。錦豪的媽媽堅持了一年多來輔導錦豪的功課。但父母的努力付出沒有換來成績上的突飛猛進。錦豪還是跟以前一樣，享受著自己的童年生活。

當錦豪媽媽回憶輔導錦豪作業時，說：「我覺得我們家孩子可能不是學習這塊料。我記得我以前學那些東西時，基本上看一眼就懂。我們家寶貝看過去後就跟沒看見一樣，讓他去讀，他倒也聽話，但即便是讀了，讀了好幾遍，還是需要我在旁邊提示，才能比較完整的寫對題目。」

錦豪爸爸聽完錦豪媽媽的話後，心裡覺得有點落寞，但他一直以來的觀察，讓他覺得這也在意料之中：「我們家寶貝不必那麼費勁，該上學就上學，該上課就上課，他想幹什麼就幹什麼。他只要走正道就行了。至於將來能不能讀個大學，或讀個好大學，就看自己的造化。行就行，不行就不行，反正我已認了。成材的樹不用修剪，小時候，我爸媽就常說這句話。你看隔壁家孩子，父母也沒這麼費勁的擔憂孩子的課業，不照樣學得好。人家就是學習那塊料，從小就知道要努力。你看我們家寶貝，跟神仙一樣，回到家什麼時候看見他主動坐著學習？」

沒有父母在學習上的殷切期盼，錦豪的日子過得更「瀟灑」，每天都很快樂，做自己喜歡的事，學習還是跟以前一樣不上不下。看到錦豪的樣子，錦豪爸媽常在私下說：「我們家孩子的確不是搞學習的料。不過也還可以，你看他雖然每天過得很舒服，成績也不會太差。」

這種太平日子過了兩年後，出現了一些波折。錦豪讀小學六年級後，不知道從什麼時候開始，他發現自己的睡眠品質不像之前那麼好。以前不到晚上九點就覺得睏，要不是有作業要做，他一定會選擇睡覺，現在他發現自己即便到了晚上十點還不睏。剛開始自己也不知道寫完作業要做什麼，就在家裡轉來轉去，後來在媽媽的催促下才上床睡覺，但也睡不著。

於是他開始胡思亂想。房間裡黑漆漆一片，錦豪睜著眼睛看天花板，以前的好多事開始在腦中浮現。有時即便閉上眼睛，大腦還是停不下來，他會順著剛想起的事不斷想下去。

錦豪的爸爸媽媽也發現到錦豪的變化。因為睡眠不足，錦豪早上起來時總無精打采，整個人相比以前消沉許多，好像心裡裝了好多的事。

轉變是從學校的大會開始。因為面臨小學升國中，學校組織所有六年級的學生開了一次大會。

這次大會，學校裡上至校長，下至每個科目的老師，還有家長都參加了。學校要求學生、老師以及家長一起努力，為接下來的小學升國中做準備（按：根據中國的義務教育政策，小學升國中不須參加升學考試，但私立國中和部分公立明星國中依然會舉辦考試）。

大會結束的晚上，錦豪一直到凌晨一點多才睡著。那天晚上，錦豪想到自己的學習狀況和將來，他突然發現以當下的學習狀態，很難進入心儀的國中，於是錦豪暗自下定決心，是時候開始努力學習。

後來錦豪跟以前相比完全變了一個人，開始認真學習。錦豪的變化讓錦豪媽媽很驚訝，不過錦豪爸爸比較淡定。然而兩個月後，當錦豪看到模擬考的成績有些傻眼，因為分數「紋絲不動」，還是以前的水準。錦豪媽媽知道這個結果時，她以為是看錯了。

錦豪爸爸則不以為意：「我就跟妳說了，妳以為他一努力就能學好？要是努力就能學好，那這個世界上成績好的孩子有多少？學習這件事還是要看天賦。我們家寶貝能順利的把學上完，讀到哪裡，就供到哪裡。至於能把書讀到什麼程度，就看他自己的造化了。」

錦豪媽媽有點鬱悶，不過她還是願意相信錦豪，跟錦豪說：「寶貝，媽媽看你這段時間滿辛苦，媽媽也知道你想讓成績更好。媽媽想說的是，不要太著急，不能因為學習把自己的身體搞壞了。無論將來考得怎麼樣，你在媽媽的眼裡永遠都是最好的。最近這兩個月，晚上早點睡，也不要起得那麼早。」

聽完媽媽的話，錦豪心裡感到有點不舒服，這種不舒服裡更多的是對媽媽的責怪。錦豪開始覺得父母好像不在乎自己的成績，考好或考壞對他們來說都無所謂，因為他們好像不相信自己能考好。錦豪心裡覺得有些落寞，自己好像在做一件在別人尤其是父母看來毫無意義的事，他們都不相信自己能把這件事做好。

不要給孩子下論斷

下一步究竟要不要繼續？錦豪躺在床上看著天花板，思考這個問題。「還是要繼續！走自己的路，讓別人愛說什麼就說什麼吧！」錦豪在心裡默默的為自己打氣。那天晚上後，錦豪比以前更努力，有時甚至通宵學習，就像中了邪一般。

媽媽看到錦豪如此努力，很心疼，但又不知道該說什麼。人這一輩子無論將來會怎麼樣，但至少得瘋狂的活一次。錦豪媽媽想到這裡，開始有些釋然。既然他想折騰，當媽媽的就陪他。爸爸在這個階段倒沒說什麼，態度上也不反對，有時還給予支持。其實，當他看到孩子如此努力，還是非常感動。

時間過得很快，大考眨眼間就到了。一家三口都有點緊張，也有一些興奮，兩個多月的付出就要看到結果了。出考場時，錦豪覺得自己發揮得不錯，爸爸媽媽也都很興奮，覺得皇天不負有心人。

成績很快便公布了。錦豪的成績相比兩個月前的確有一些變化，但也只是小幅度的變化。知道成績的那一刻，錦豪爸爸的反應最大。這幾個月對兒子漸漸建立起來的信心，讓他覺得自己就是一個「笑話」。錦豪媽媽倒還淡定，她現在最擔心的是錦豪。不過，錦豪並沒有像媽媽想像中那樣情緒崩潰。

錦豪知道成績時，什麼話都沒說，只是用力的咬著嘴脣，看了分數足有十分鐘。當時媽媽坐在錦豪旁邊，怕孩子哭出來。不過錦豪沒有流淚，他轉過身，看著媽媽說：「媽媽，對不起，讓妳失望了。也許我就只是這個水準，也許我真像爸爸說的，根本沒有學習的天賦。不過，透過這次努力，我最起碼給了自己一個交代。我沒事。未來能讀什麼學校就讀什麼學校，我會特別感激你們。」錦豪媽媽的眼淚瞬間流了下來，本來想要安慰孩子，沒想到孩子反過來安慰自己。

錦豪有一個同學，情況跟錦豪一樣，也是在大會後開始努力，但他考上心儀的學校。那個同學被老師以及其他同學誇讚過腦袋靈光。錦豪想起以前他爸爸常講的：「成材的樹不用修剪。」錦豪在心裡跟自己說：「也許，我就是不成材的樹，無論怎麼修剪，都只是一棵歪脖子樹。」

錦豪明顯受到大考備考對他的影響，每當他想沉下心來認真學習時，大考備考的經歷以及「成材的樹不用修剪」那句話，就在他的腦海中浮現。

我經常想，到底是什麼會讓錦豪的父母或他周圍的人有這樣的論斷。

我進入教育這個行業越久，明白得越多。我發現孩子的引導者之所以面對學習有如此簡單粗暴的態度，源於他們的不自知，源於他們未曾真正去學習過。他們須從此時開始在腦中深植一個概念：學習也是需要「學習」的，學習可透過「學習」而變得更好。

雖然我們不能「唯成績論」，但當孩子想努力學習時，我們萬萬不可用負面的論斷，讓一個孩子喪失成長的可能，消磨孩子成長的意志。

8 爸媽也要學習，成為孩子的引路人

子軒的媽媽曾針對子軒的學習，向我做過深度諮詢。子軒在小學階段的表現跟錦豪有點類似，態度不急不慢，成績不上不下，除此之外，他在學習過程中的表現也確實讓人著急。

剛開始學漢語拼音（按：中國義務教育中的重要內容之一）時，別的孩子最多三個月就能遊刃有餘，但子軒硬是用了將近三年的時間才把拼音搞得差強人意。當然，有人可能會說，別的孩子在讀小學一年級前已學過，是不是子軒之前沒有學？

是的。在讀小學前，子軒媽媽沒有讓子軒讀幼稚園。子軒媽媽在子軒六歲前不僅沒有讓他學拼音，也沒有讓他學數學。她跟子軒在一起時，常分享自己每天讀的書、所見的事、所聽的音樂等。在子軒媽媽分享這些時，子軒也不說什麼，只是聽著，子軒媽媽也從來沒問子軒是否聽懂。然而，許多同學在六歲前也沒有學習拼音、數學。

除了學拼音，子軒在學數學時，也遇到很多波折。一些別的同學看來理所當然的問題，對子軒來說就很吃力。例如九加二等於十一，其他同學在學習時，都知道要進位，但子軒就是不明白。接下來的一個月裡，子軒跟媽媽一起透過各種方法，終於讓子軒搞清楚。

不過，在這一個月，學校裡學的東西又接踵而來。各種問題搞得子軒跟媽媽每天都很忙。就在他們每天忙得團團轉時，學校的老師請子軒媽媽到學校，談一談關於子軒的學習情況：子軒上課時很安靜，從來不搗亂。不過，幾乎沒有舉手回答過問題。被老師叫起來答題，要麼站著一句話都不說，要麼聲音特別小；當老師覺得他有地方不清楚想幫他，他也不說話，只是等老師問，除非問對了，他才會點點頭。

總之，子軒的上課效率不高，作業寫得也不好，反應也比較慢。子軒媽媽一直以來堅持的教育理念，在現實中遭到了打擊，對老師給予子軒的評價也有些不滿，於是開始反思以前的教育方式。關於下一步要怎麼去幫助子軒，子軒媽媽定了三條準則：

- 讀書是在學知識，但一定要把知識真的搞明白。搞明白了才能運用它解決問題，並讓大腦升級、改造。
- 學習的過程中不斷引領子軒「心要慢下來，手要快起來」，忘掉考試、忘掉分數。
- 尊重子軒面對周遭一切的選擇，同時讓他學會達觀與開放，促進他的性格不斷完善。

四年級開始，子軒的學習效率明顯高了許多，儘管成績還不夠好，但子軒媽媽從來不著急。每當子軒問媽媽：「媽媽，我覺得我有好好學習，可是為什麼我的成績不如別的同學好？」子軒媽媽都會認真並嚴肅的跟子軒講一大段話，這段話，我也想送給各位家長和孩子：

「人生很長，我們很難想像未來會是什麼樣子。當然，人生也很短，尤其是當我們停下來回望自己走過的路時。小學、國中、高中，再加上大學，我們在學習這條路上至少要走十六年，所以**當下的優秀不代表未來還很優秀，當下不足不代表未來就一定不好。我們不能因為當下的不足、不優秀，就否定自己的未來。時間還很長，完全可以把學習這件事做好**。從人生很短的角度去看，我們應該在時間內做更有價值的事。你要始終相信自己正在做的事是最有價值的，而最有價值的事是難做的，很難在更短的時間看到它的效用。希望你記住，再有類似的困惑時，記得多揣摩。記住，人生很長，不要害怕此時的不足；人生很短，要把時間花在最有價值的事上。」

子軒讀了國中後，每個學期成績都有進步。到考高中時已名列前茅。讀高二時，數學滿分一百五十分，他能考到一百四十幾分；語文滿分一百五十分，他能考到一百二十幾分；英文滿分一百五十分，他能考到一百四十幾分；物理、化學以及生物滿分一百分，他的平均分數都在九十分以上。

每次和媽媽說起自己成績時，子軒會感到不好意思，因為他覺得自己其實並不聰明，只是做了一個學生應該做的事。是的，子軒只是做了一個學生應該做的事。子軒媽媽也只是做了一個媽媽在面對孩子時，應該做的事。

每個人都活在自己的世界中，唯有不斷學習新的知識，並愛上學習的過程，才能從自己的世界裡跳脫出來，看到更多的人。

作為孩子的引導者，父母要注意孩子的言行舉止。因為孩子有學習的想法與行動，但這些想法、行動是混沌的，父母的引領若無法滲透，都會影響孩子對自己的判斷，以及下一步的行為。

學習也需要「學習」，這是父母首先要傳遞給孩子的概念。任何一個學生，都可以透過正確的引導與訓練使他走向優秀。當然，父母也應從此時開始學習，目的在於**成為真正的引路人**。

這幾年，我培訓過很多老師。他們一開始都是新人，面對他們時，我會在第一時間說：「開始工作的第一天，你在這個行業的學習也會開始，要拿著學習的態度面對自己的工作。」

同樣的，對所有的父母，我也想說：「在你打算幫助孩子高效學習時，你自己的學習也開始了，要拿著學習的態度引導孩子。」

9 大腦知道、手也知道，才是真知道

「源於課本，高於課本」，這八個字是孩子在學習過程中常聽到的一句話。一名老師在講解問題時，尤其當問題比較複雜，都會講這八個字。老師希望藉此引起學生對基本知識、方法以及思想的重視，從基本思想出發，整合基本方法與知識，進而得出更高層次的解決模式。

但這八個字在實際學習中並沒有展現出價值，大多時候成了口號。

每次考試結束後，孩子都會在課堂上聽到老師說：「大家看看試卷上的哪個問題，不是我之前上課時講過的？有的只是換了一種問法，有的只是換了條件，甚至有的是我講解的原題，還有的是課本習題上的簡單變化，大家怎麼寫錯了？我們一直在講：源於課本，高於課本。把課本上最基本的內容把握好，完全可以

解決這次試卷上的問題。」

我再一次想起以前主管說過的話：「這個問題的癥結是在老師那裡，還是在學生那裡？」大家面對這個問題時，會怎麼回答？我想，大都沒當過教師的人，都會歸到老師身上。大家可能會認為：父母把孩子交給學校，學校就有責任解決好。這樣的說辭沒有錯，但無助於當下解決實際問題。

我相信絕大多數的老師都希望，透過自己的工作使學生成長，也確實有非常多學生在老師的支持與幫助下，使自己在學業上不斷進步。但老師與老師之間也是有區別的。教師的工作對象是人，是一個個有思想、活生生的人，且學生與學生之間往往有天壤之別。沒有豐富的理論基礎以及扎實的教育經驗，就難以做好教學這件事。

從這兩個意義上同步思考時，可以更加理解教師的工作。藉由父母的努力以及孩子的成長，再加上老師的支持，三方一起發力，就能促成孩子進步。

教學是在教師與學生的彼此協助下共同完成。當結果不好，不可能雙方都沒問題，一定有一方出現問題，或兩方都存在問題。我以前經常思考，這樣的情況應當怎麼在教師這頭有效解決。

回顧剛開始當教師，我能感覺到那時面對教學的懵懂與混沌。那時的自己只有知識，所有的注意力都在如何把知識講解清楚這件事上，對於學生怎麼看待我講解的知識，又該如何把握知識核心並將其運用到更廣的範圍，卻無暇顧及。

當我針對這些問題開始思考時，逐漸明白教學的本質：**好的教學應該從學生的認知出發**，透過恰當的教學手段以及訓練手法，使學生在教師的引導、講解、訓練的基礎上，不斷提升認知水準、形成方法體系、積累知識工具，從而解決無限的問題。

莊子有言：「吾生也有涯，而知也無涯。以有涯隨無涯，殆已。」學生學習的知識是無限的，而一個老師擁有的講解時間有限。如何借助有限的時間開啟學生獲得無限知識的能力，更是在教學過程中必須考量的問題。所以教師能做的，一定是透過有限的講解提升學生的認知水準，使學生能借助已有的方法體系以及知識工具解決新問題。

也就是說，一個老師在授課時必須秉承這樣的原則：審視自己的教學內容，同時從要講解的問題出發設計自己的教學。想實現這樣的目標，就得要求老師明白以下的事實：

1. 學生的認知水準是被激發出來的

另外老子有一句話：「為學日益，為道日損。損之又損，以至於無為。無為而無不為。取天下常以無事，及其有事，不足以取天下。」教師在課堂上能講解的知識以及問題有限。他不可能講解所有的知識以及問題。教師要做的是從基本知識以及特別的問題出發，讓學生學會如何分析、判斷、解決知識以及問題。

也就是說老師不能大包大攬，而是在有限制的情況下解決問題，透過範本，讓學生看得見、抓得住、把得牢、跑得快。只是這麼做，學生能做到的只是看得見。想在這個基礎上實現把得牢，還須清楚學生的認知水準是被引導出來的。

2. 學生的認知水準是被引導出來的

所謂引導，是指一名學生清楚某個知識或問題該怎麼解決後，還須帶領他按照邏輯往下走一遍。眼過千遍不如手過一遍，就是這個道理。我常對學生說，**不僅讓大腦知道，還要讓身體知道，只有這樣才是真知道。**

老師明曉了學生的認知是被激發出來的，他就能認真的選擇知識或問題；當老師明曉學生的認知是被引導出來的，他就能對其遴選出來的知識或問題，進行詳盡的分析、判斷，以及說明解決過程。

有了這樣的過程，學生就能從大腦到身體對知識有全盤的把握，也就實現了抓得住。但要從抓得住走向把得牢、跑得快，還須清楚學生的認知水平是被訓練出來的。

3. 學生的認知水準是被訓練出來的

能看見就能實現「紙上談兵」，能抓住就能實現「原來如此」，但這些對於實際解決問題還遠遠不夠。學生在學習過程中遇到的知識或問題，無論在表現形式還是內容訴求上都是千變萬化的，僅是對它有感覺，稱不上駕馭了這個知識或問題，還須再訓練。

這讓我想起一個高級將領向他的下級傳授帶兵經驗時的一句話：「我做給你看，你做給我看；我再做給你看，你再做給我看；你再做。」教學過程即是如此，認知成長的過程也是如此。

當下的這個知識或問題知道了，還不夠，我還會再做給你看，多次的做給你看。透過多次的做給你看，讓你徹底的看清楚；而後透過讓你多次的做給我看，讓大腦跟身體對這個問題都有把握。這時就能把得牢，並解決更多相關的問題。

韓愈有言：「師者，所以傳道、授業、解惑也。」教師教學首先是傳道，傳學習之道，傳知識之道；而後再是授業，促使學生能把握師者所傳之道；最後是解惑，教學生如何解決基於所傳之道生出來的問題。其餘的就可交給學生。

一直以來我都認為，知識是自我生長的。知識之所以可以自我生長，是因為學生在老師的支持下開始明曉如何思考問題，知道借助什麼方法或能從思考出發，產生解決問題的方式，進而得到知識。

第三章

學習會上癮的祕訣

1 成績中等的孩子常常活在當下

學習跟不上的孩子，往往活在當下。這並非指真正意義上的「活在當下」。真正的「活在當下」是經歷繁華後的淡然，是經歷滄桑後的從容；但他們的「活在當下」是不得已的，是面對進一步成長的無奈選擇。

面對這些孩子時，我很明白他們心中的夢想與衝動。他們對好的、優秀的事物產生憧憬，但長時間原地踏步，使他們懷疑自己努力的意義，所以他們只是憧憬，並沒有將憧憬轉化成行為。

夜深人靜，當他們審視自己的過往時，有對當下結果的憤怒，有對曾經努力的惋惜。當那份憧憬再次湧到心頭，他們只是在靜靜的欣賞，但未等到這個場景結束，就會苦笑著離開。

他們缺的從來不是夢想與憧憬，缺的是面對夢想、現實的勇氣。他們想的還是太少，無論在追求夢想，還是追求現實。他們熱衷於精神意義上的追求與探索，但又感覺無力駕馭。他們經常在心裡想，卻在實際行為上表現出不屑。他們不屑於世俗的功與名，但又很想得到。他們內心很在乎結果，所以往往生活得很彆扭。

我在跟一些老師討論、舉辦講座跟學生交流時，一直傳遞我宣導的人生姿態：要過一種熱烈而鎮定、緊張而有序的生活，讓自己成為能深度思考、精神單純的人。

但是很多學生明顯做不到。**無法深度思考，讓他們對事物的判斷只是二元論**——要麼做，要麼不做；同時，在精神上也不夠單純。他們越來越看不清成長的本質，無法控制自己，包括當下面對的學業。對於他們而言，突圍很難，好的東西想要卻不敢要，此時擁有的東西稍不注意就失去。

窮則思變，變則通，通則達。作為學生，須看見學業的各個層面，並從各個層面分別著力，才能實現心中所想，成為自己一直以來想成為的那個人。分數只是學習的結果，是基於解題能力的表現，而不是目標。

從已有的解題能力出發，針對擁有的知識工具、方法體系以及解決問題需要的想法整合訓練，可促使自己在學科上有所精益。但這遠遠不夠，還須從解題能力出發，探尋進一步增強解題能力所需的路徑。此時要了解這一點：能力是被訓練出來的，訓練是有邏輯的，也是有階段的。在各個階段採取不同的訓練方式，就可鍛鍊出良好的解題能力，若再加上對解題能力、已有知識工具、方法體系和解決問題需要的想法進行整合訓練，結果一定更好。

但你不能將自己的注意力停留在此處。增長解題能力的本質在於提升認知水準，也就是對題目涉及的知識、方法以及想法的把握能力。認知水準的提升依賴於引導者，也就是老師的講解以及訓練，更依賴於學生在聽講過程中和聽講後，對老師講解的駕馭方式的訓練。

認知是被激發出來的，是被訓練出來的。一個人的認知取決於這個人的思維方式，以及看待問題的方式。

對一個問題的認知過程，首先是看見，其次是從直覺、理論或經驗的切入點找尋，最後是流程化解決。解決不同問題時有相同，有不同，相同的是方法論，不同的是技術。不同的技術呈現出來的是相同的方法論。

認知的開始看似從借鑑開始，以模仿為過程，實則是從一個人與這個世界的互動方式開始，這決定了一個人的思維方式。希望我們能從這些角度出發，結合自己的實際狀況，找到屬於自己的一條突圍之路。

2 那些粗心的錯，就像被下了魔咒

很多同學認為，分數是能力的表現，有多大能耐，就可拿到多少分。

但實際看到分數時，他們總不滿意，因為這個分數在他們看來，無法真實的反映自己的能力。他們往往會指著試卷中的題目，一一列出自己能拿到分數的理由，聽起來很正當，讓其他人認為很有道理，覺得他們原本可拿到更多分數，替他們感到惋惜。

他們經常會說：

- 這個題目很簡單，我知道該怎麼做，但不知道為什麼沒得分（或付出的時間與實際得到的分數不匹配）。

・有一些題目有點難度，但還是知道如何解決，不知道是什麼原因沒拿到分數（或沒有拿到自己所想的分數，或付出的時間與實際得到的分數不匹配）。

・有一些題目確實有難度，考場上好不容易有了想法，但沒有時間寫完（或考場上沒想法，但考完試和老師、同學談這個問題後，就知道該怎麼解決）。

其中一些錯誤在他們看來都可避免，他們覺得在往後的學習過程中，或在下一次的考試中，多加注意就可搞定。在內心深處，他們一直認為自己具備解決這些問題的能力，並常告訴自己，只要加上這些分數，就能成為學霸。

然而，實際呈現出來的結果往往讓他們感到失望。考試結束後，他們也做了相應的調整，提醒自己再小心，但每次考試中出現的失誤，在下一次考試中還繼續出現，就好像被下了魔咒一樣。他們覺得自己做得到，卻在考試中屢屢受挫。

對於那些失誤，若當時思維更敏捷，或多加注意，還是能避免。**但在實際解題時，他們不清楚哪個點須多加注意，往往做錯後才意識到。**

從這個角度來看，當下這個分數確實代表他們的實力。因為以為自己具備的能力還無法解決問題，處於萌芽或生長狀態，顯得有些飄忽不定。

那些正處於萌芽或生長狀態的能力，被發現但沒有被重視時，其成長與發展會充滿變數。機緣巧合下，它可能變成解決問題的能力，也可能一直維持現狀，或從此夭折。分數雖然不能完全展現一個人的綜合能力與素養，但確實可從某個層面來印證學習方式是否有問題。

③ 中等題其實不中等，先把題目讀三遍

某些學生面對簡單的題目時，知道怎麼解題，但不知道是什麼原因而沒有拿到分數。

簡單的問題是在考查知識的工具性，這是指解題時，可以將某個概念作為工具，處理正在面對的問題（範例見左頁上方）。

在解題過程中，兩個誘導公式以及特殊角的三角函數值即是解決問題的工具。對很多學生而言，他們通常具備解決簡單問題所需的知識工具，甚至相當熟練，也曾用這三個工具解決很多類似的題目。

但他們不知道，為什麼沒有寫對簡單的題目。問題出在哪裡？

簡單的問題對他們來說本來是勢在必得。他們認為，簡單的問題不是問題，

假設考卷上有一道題目：

$\sin 600^\circ$ ＝（　）

想解出這個問題，須知道高中數學中的誘導公式：

$\sin(\alpha + k \cdot 360^\circ) = \sin\alpha\ (k \in z)$；$\sin(180^\circ + \alpha) = -\sin\alpha$，

以及特殊角的三角函數值：$\sin 60^\circ = \frac{\sqrt{3}}{2}$。

結合這兩個公式以及 $\sin 60^\circ = \frac{\sqrt{3}}{2}$，就可透過下面的步驟解決問題：

$\sin 600^\circ = \sin(360^\circ + 240^\circ) = \sin 240^\circ = \sin(180^\circ + 60^\circ)$

$= -\sin 60^\circ = -\frac{\sqrt{3}}{2}$。

甚至不應該出現在試卷中，以至於在答題時，覺得在浪費自己的時間。他們想挪出更多時間解決其他題目——看上去相對比較複雜、難度更大。在他們看來，這個問題如此簡單，只須看一眼，小筆一揮，就可搞定它。

但因為只是看一眼，所以把最關鍵的地方看錯了，例如題目 $\sin 600^\circ$ 看成 $\sin 60^\circ$；或漏掉誘導公式 $\sin(180^\circ + \alpha) = -\sin\alpha$ 中 $\sin\alpha$ 前面的負號。因此本

來會寫，但寫出來的答案是錯的；或在草稿紙上都已寫出最後的答案有負號，然而寫在考卷上時，因為急著解下一題，結果忘了寫上負號。

再來，他們忘了考試的目的，是對所學的測評，檢測有哪些方面存在問題，以及向別人呈現自己的實力，而這一切借助分數來展現。關於這些，在考試前他們清楚，但在開始解題時，就像在田徑賽場上，哨聲一響就跑出去了。比賽的目的是什麼對他們似乎不重要，重要的是跑起來快不快，有沒有人關注他們、為他們歡呼加油。考試時，他們本能的想透過解決複雜的問題，證明自己具備解決問題的能力，甚至超越那些學霸。

他們忘了，別人是從結果這個角度評價他們的能力。我往往跟學生說：「考試時，你不能忘記你要的是分數，你可以藉由中難度問題獲得分數，也可以藉由簡單問題獲得。」

先把能裝到口袋裡的裝進去

開始考試時，**首先把能裝到口袋裡的裝進去**，且慢慢的裝並裝好，**這指的是**

簡單題。簡單題對於一些學生來說，完全可以在他們的能力範圍內寫對。只是在解題時**不能因為它簡單而不認真的寫**。要慢慢的讀題目，結合解決問題的工具，不要跳著走。這個過程的慢，首先是心態上的慢，再來是行為上的慢，雖然看似慢，卻是真正的快。因為只有前期慢下來，才能換得後來的快。

接下來，開始去裝可碰得到，但要費一點力氣的分數，這往往指**中等題**。很多同學認為，中等難度的問題稍有挑戰性，也是他們投放精力以及注意力最多的問題。在他們的意識中，只有具備一定的挑戰性才會有意義。所以他們在寫簡單題時，心裡想著中等題；在寫中等題時，心裡在想著下一個中等題。

這使得他們在寫某些中等題時，思維開始緊繃，敏感度、嚴謹性開始下降。平時能解決的問題在這時找不到突破口；平時稍微思考就有想法，但這時的大腦空白；平時解決問題時能很有條理的寫出解題過程，但這時要麼多一步，要麼少一步。

此時，**應把題目讀三遍**，並思考解決問題的過程，這也是在復盤可能遺漏的地方。如果解決問題前，就已在頭腦中演練解決過程，實際解題時又一步步慢慢的走下去，那麼就可完美解決中等題，而不會造成「會做卻寫錯」。

那些需要我們使勁跳才碰得到的問題，或碰不到的問題，通常就是困難題。

這時須讓自己看到一個事實：面對難題時首先要產生想法，而這會花時間。這時要做的不是懊惱或氣憤，而是**抱著「玩耍」的心態，盡力試試，但要掌握好時間，留時間獲得本該得到的分數**。

磚塊跟榔頭都能解決問題，但榔頭更好用

簡單題是考查知識的工具性。簡單題對思維的要求相對較淺，從題目本身的表現形式上，往往可找到處理問題的路徑，而且這個路徑通常很短。

好比牆上的一顆釘子脫落，解決辦法就是找個東西敲打，**要找的就是解決問題的工具**。在拿著工具解決問題時，**效率取決於選擇工具的先進程度，以及使用者對於工具的熟練程度**。

如果找到的是一塊磚，當拿著磚頭去敲，可能會因為磚頭太大而用錯力氣，或因為磚頭不夠硬而使得磚頭破裂，最終花費比較長的時間才成功。若能找到一把榔頭，只需要很短的作業時間，而且結果會非常棒，同時會給自己很好的體驗

以及心理層面的踏實感。

磚塊與榔頭都可解決釘子鬆脫的問題，但在解決的效率以及最終體驗上有很大的區別。區別就在於解決問題使用的工具其先進性。

假如你能拿一個工具解決問題，還讓工具不斷的升級，使它越來越先進，同時，你很熟悉它。那麼，你處理問題的過程一定會越來越完美，效率也會越來越高。

我舉一個數學的例子（見下方與下頁）。兩者的區別在哪裡？

前者（下方）透過一個工具（算式），很快的算出答案。

後者（下頁）須借助至少兩個工具列出兩個式子，透過運算得到答案。即使運算能力不錯，算出答案花的時間也比前者長。

在平面內有一個點，這個點與平面內的一條直線對稱後得到一個新的點。若已知原來那個點在直角坐標平面上的坐標，以及那條直線的方程式，求對稱後的點坐標。

若你的頭腦中有關於解決這個問題的一個工具：

一個點（x_0，y_0）與任意一條直線 $Ax+By+C=0$ 對稱後的點坐標是（$x_0-2A\frac{Ax_0+By_0+C}{A^2+B^2}$，$y_0-2B\frac{Ax_0+By_0+C}{A^2+B^2}$）。

（接下頁）

那麼，大家在解決這個問題時，只須代入相關的數字就可得到結果，整個過程也許不到一分鐘。

如果大家知道的是另外兩個解決問題的工具：

1. 一個點A與一條直線對稱後得到點B，B與A連線的中點是在該直線上。因此，可借助中點坐標公式得到中點，同時把這個點代入直線方程式。假設原先的點坐標為（x_0，y_0），任意一條直線方程式為 $Ax+By+C=0$，對稱後的點坐標是（x，y），依據上述會得到：$A\left(\frac{x+x_0}{2}\right)+B\left(\frac{y+y_0}{2}\right)+C=0$。
2. 對稱前後的兩點的連線與該直線垂直。可借助兩條直線的對應變量的係數乘積的和為0。即經過這兩點的直線的斜率可表示為：$k=\frac{B}{A}$。經過（x_0，y_0）、（x，y）的斜率借助直線的斜率公式可表示為：$\frac{y-y_0}{x-x_0}=\frac{B}{A}$。

至此，就寫出兩個式子，將這兩個式子組合成一個二元一次方程式，這個方程式中的（x_0，y_0），以及A、B、C均為已知，是確定的，而後根據二元一次方程式的解法，經過運算，就可得到結果。

很多人會提出一個問題：前者是一個公式，後者是解決這個問題應當遵循的路徑。我們不能單純只從一個公式解決問題，也沒有必要非得記住這個公式，要把握的是這個問題的處理思路。

前者是把後者一般化後得到的結果，但這個結果把此類問題全部整合。後者是從解決這個問題的想法出發，提出解決方案，按照解決問題的流程往下處理，進而得到結果。

前者是基於想法以及解決方案，**把它整合成一個更先進、直接的工具**。可能會有人提出：前者只是記住了一個更先進的結果，後者是按照本來解決問題的步驟解決，從知識能力成長的角度而言，後者更具價值性。單純從此意義上來講，這個批判的確有道理。

任何一切知識的學習，都是為了幫助我們成長，增加我們對事物本來面目的認知程度。後者這種解決問題的路徑，在我們學習時是值得推崇的。一切的學習應按照這樣的方式進行：首先是產生想法，接著是基於想法提出解決方案，然後是執行，獲得結果。這一點，是我在下一部分要詳細談到的。但**在面對考試時，我更支持前者**。

我們在考場上是為了獲得分數，而非成長能力。成長能力是在考場之外練就的，進了考場，就是拿著在考場之外儲備的工具、方法以及想法解決問題，去拿應拿到的分數。

分數能驗證我們平時對於學習的認知是否正確、態度是否端正、方法是否得當、思想是否立得住。

很多學生常犯的一個認知上的錯誤就是：該拿分時，他們說要重視成長能力；該培養成長能力時，他們說「這個概念考試時考不到，不須關注」。

有更好、更先進的工具，確保我們又快又準的解決問題，為什麼不去用？那些使用先進工具的同學，之所以能在第一時間用這個工具解決問題，是因為他們在上考場前經歷過後者，而且他們把後者一般化。正因為他們曾走過這樣的路，才使得他們能順利使用前者的工具。

這給了我們一個啟示：對於解決問題使用的工具，**不能只是滿足於知道了，還應熟練掌握它**，更須在日常的學習過程中不斷升級正在使用的工具，從而解決更多的問題。

熟練使用的工具、方法

工具升級代表解決問題越來越有效率，也是工具能解決越來越艱深問題的過程。這也就要求我們在日常學習過程中，**首先能熟練使用的工具、方法，就像一個醫生熟練使用手術器械一樣**，他不僅知道這些手術器械能解決什麼問題，還可以熟練的使用它。

若僅停留在知道、了解這個層面上，沒有進一步的深入掌握，就無法將其順利在實際問題中使用。

其次是對工具進行整合與標準化。過程是：

1. 我現在擁有什麼工具。
2. 這個工具能解決什麼問題。
3. 還有哪些工具可解決類似的問題。
4. 這些問題結合後會形成一個什麼問題。
5. 從新問題出發確定解決該問題所需的解決方案。

6. 將該問題的解決方案標準化。

每一個工具能解決的問題，組合在一起形成一個相對複雜的新問題。從原有的問題出發，不能做到使用這個工具就可直接解決問題，須從解決新問題的想法出發，提出新問題的解決方案，按照流程（也就是先後順序），結合原有的工具才能把新問題解決完。

提出解決新問題需要的想法以及方案，對於大多數學生而言通常沒有問題。問題出在他們處理完後，沒有對新問題的解決方案進行標準化，導致在每一次見到類似問題時，都會從頭開始。

很多同學考試時面對簡單題，最後呈現出的分數其付出與收穫不成正比的根源有兩點：

- 無法在考試用更先進的工具又快又準的解決問題，來獲得更多的分數。
- 在日常學習的過程中，不能將正在解決的問題進行一般化、標準化，也就不能生出解決問題需要的先進工具。

我們要記住，在日常學習過程中不能執著於使用先進的工具。日常學習的價值在於提高我們的能力，讓工具變先進。應從現有的工具出發，審視它能解決的問題，試著將它能解決的問題一般化。將問題一般化即是舉一反三的能力成長的過程，而能否成功，取決於能否將一般化後的解決方案進行標準化。當然，標準化後的結果可能是一個公式、一句話，也可能是一個流程、一種思維方式。

有邏輯的解決一個問題的前提是，對於解決問題有想法，想法引發了邏輯，即是一個步驟或流程，而邏輯駕馭了工具。有一些問題有點難度，但仍能找出解決它的邏輯，只是不知道是什麼原因，沒有拿到分數——對很多同學而言，之所以出現這個問題，是因為他們覺得自己有邏輯，具體是什麼卻說不上來。

有一句老話：「眼過千遍，不如手過一遍。」我也常跟學生說：「大腦知道、手也知道，才是真知道。」知道是有層次的。但在中等生看來，所謂知道就是看見過或經歷過。曾看見老師按照這樣的方法把問題的解決過程寫了一遍，或自己重新寫了一遍，殊不知，任何學習都有分階段：先了解，再來理解，接下來才是掌握、運用。看見或經歷過，只能算是對它有一點理解，明白為什麼要這樣、它遵循的想法是什麼。

再回到前面的例子。

要解出一個點與一條直線對稱後的新的點坐標，無非就是從對稱的角度入手，再結合已知點與新的點的中點會在中間的直線上，以及這兩點的連線與中間的直線是垂直的。

有了這些後，就會開始理解這個問題，但無法以此確保可以解決問題，這對問題的理解猶如隔岸觀火。

例如，新的點坐標應怎麼設置？已知點與新的點的中點坐標應怎麼表示？已知點與新的點的中點在中間那條直線上應怎麼表示？已知點與新的點的連線與中間那條線的垂直關係應怎麼表示？最終得到的兩個算式該怎麼處理，才可以得到結果？

這些是隔岸觀火沒有看見的，唯有把握這些問題，才有可能進階到掌握的層面上。從理解到掌握就不再是思維和理論上的行為，還須在實踐上訓練，借助解決問題需要遵循的方法，將其從頭到尾多次梳理，方能全盤把握各個重點，才算是實際知道。

策略上藐視、戰術上重視

有時在按照邏輯往前走時，會因為其中的一個步驟，無法繼續往下做。原因一般有兩種，**一種是不知道接下來要走的路是什麼，一種是無法正確的使用這一步需要的工具**。

解決問題時有三種角度：仰視、平視以及俯視。

很多同學是仰視的，所以他們對於即將要走的路徑並不清楚，他們須在解決問題的過程中，依照對問題的理解逐步找到接下來的邏輯。這也就是走一步，想一步，再試著走一步。所以很多步驟是反覆的，是一步步試錯的過程。

很多同學是平視的，他們看到的邏輯只是一部分。假設解決一個問題需要的路程是十公尺，他們站在起點上，往往只能看到三公尺的地方，六公尺那個點得走到三公尺時才能看到，所以他們在實際解決問題時，總顯得有點小心翼翼，生怕自己腳下這一步走錯，也害怕自己走到三公尺時不能看到六公尺那個點。

因為小心翼翼、害怕，開始慢慢緊張起來，思維會開始受限。平時在面對此類問題時，他們的心態是放鬆的，遇到問題時總能靈機一動，一步步的推演下去。

他們相信自己在遇到困境時，能發揮臨場應變能力，化險為夷。但他們**在考試時，靈機一動並不能奏效**，所以在考場上，往往不能拿到理想的分數。

這樣的情況總在發生，但大多數時候並沒有引起同學注意。他們往往以為，一個人在遇到緊急或突發狀況時，能靈機一動的解決問題。他們經常享受這樣的感覺，甚至不自覺的創造這樣的可能，進入這樣的情境。當在這樣的情境中把問題解決掉時，他們往往會特別有成就感。

他們在做事的宏觀意義上喜歡將自己放在確定的氛圍中，在做事的微觀意義上卻喜歡將自己放在不確定的情境中，這便是他們與學習高手在思維根源上的最大區別。學習高手在做事的宏觀意義上常將自己放在不確定的情境中，喜歡挑戰自己的思維極限，願意讓自己不斷嘗試新的概念與想法；但在做事的微觀意義上常將自己放在確定的情境中，他們要求自己完全掌控這件事，要求自己在實際做事時是符合要求的。他們一直在遵循「**策略上藐視**、**戰術上重視**」的原則。

在日常學習過程中，盡最大努力做好準備工作，能以一種俯視的姿態駕馭邏輯本身。在開始解決一個問題前，對於問題的可能走向有自己的預判，在開始解決時，再根據問題實際的發展，結合自己的理解適時調整。

考場上面對自己能力範圍內的問題，要做的不是挑戰，而是**確保它能在自己的控制下正常發揮**。

對於問題的把握，分為了解、理解、掌握以及運用這四步。很多人達到理解這個層次時，就覺得自己可以停下來了，這也表現在解題的過程中：看到這個問題時，知道自己是知道的，但實際解決時總顯得磕磕絆絆，運氣好時能搞定，運氣不好時就半途而廢了。半途而廢時也往往不知道卡在哪裡，而是把結果歸結於運氣不好，或當時的「感覺」不到位。

從理解到掌握是從大腦知道到身體知道的過程。大腦知道是指在老師的指引下，對問題的來龍去脈在頭腦中有了自己的認識，但對於解決問題還缺乏實際的經驗。

而多次重複的解決問題，不斷熟悉，在極短的時間內完成，勢必會促成這個問題的完美解決。

從理解到掌握是基於一個點去做事的過程。更直接的說，老師在今天上課時講了一個問題，你聽完後，認為自己已經了解。這時不要急於解決其他的問題，而是**抽出時間，獨自解決這個問題**，不是把解決問題的過程書寫一遍，應從分析判斷出發，開始整個解決過程，**並多次重複**，最後在極短的時間內解決，最好能產生升級的解決方案。

考試是我們實際運用自己的理解或解決方案的過程，促成我們更具效率的解決問題。以這樣的思維方式去面對自己能駕馭的問題時，就能拿到能力範圍內應拿到的分數，也就不會在考試結束後抱怨。

把重心放在中低難度問題

很多學習表現一般的同學，在開始解決難度較大的問題時，往往會很認真、謹慎，不像學習優秀的同學怡然自得，因為一直以來的事實讓他們覺得自己處理這類問題，還是有很多不足。這種心態更進一步阻礙了他們的成長，且也做不到完全放棄，卻不知道該做些什麼來彌補不足。

這樣的糾結，直接影響了中等生在日常學習中花費時間和精力的方式。中低難度的問題他們覺得自己能理解到位，所以沒必要花太多的精力。**他們把更多的時間以及精力投入難度更大的問題上**，甚至上課時會專門聽那些很難的題目，而忽略看上去偏簡單的問題。

然而，解決難度大的問題是從完美解決中低難度的問題開始。

從考試的角度出發，**應快速解決中低難度的問題，為解決難度大的問題爭取時間，讓自己有足夠的時間，將想法轉化為具體邏輯**。

在看到一個問題時，因為自己的思索有了解決的想法。這時要記得問自己：這個想法是因為什麼出現的，是看到題目中的一句話而喚醒了腦中的一個經驗？還是因為由這個題目的結構聯想到了生活中某個情境？而後，要從這句話出發，要從這個結構出發，去審視這句話、這個結構與得到的想法連接的橋梁；要把這座橋梁用一個具體的東西（一句話、一個順口溜或其他）描述，同時審視那句話、那個結構本身，從中挖掘出它在思想上的表達。

以上就是思維放大化的過程，透過一個又一個的思維路徑，提煉想法背後的規律，並總結出理論，這時面對難度大的問題，就不再只依靠「靈機一動」。

但須注意，考試不單是對知識能力的考查，還是對心態的考查。

什麼是考試？我往往喜歡用這句話來表達：正式的場合，表達嚴肅的問題。

每當得知即將考試的消息，很多同學就會不自覺的開始各項準備：確定考試範圍、考試難度，甚至會想辦法確定出題人，他們希望這些「確定」能讓自己對即將到來的考試有更多的把握。

這樣的態度值得讚賞，但過分在意，卻讓中等生忽略了應對考試需要的另一個重要素質。

考試要求學生在有限的時間內解決問題，因此，一些學生在拿到考卷的那一刻，往往會想：若時間再充分一些，我完全可得更多分。

所以，我們在考試前要結合自己的能力，對考試進行策略設計。簡單題在考查知識的工具性，中等題在考查方法以及實施過程中的工具使用，難題在考查想法以及方法，因此，**如果你學習水準一般，應將解決問題的重心放在中低難度問題上，而非浪費更多的時間寫難度大的問題**。透過快速、準確的處理中低難度問題，使得解決難題的時間更充足，進而促進有效解決難度大的問題。

有的同學恰恰相反，沒有評估好自己的學習能力，在考試前和考試中往往會忽略中低難度的問題，草草了事，覺得應在難度大的問題上拿分。但高難度問題往往超越他的目前能力，很難在短時間內找到解決此類問題的思路，反而浪費大量的時間，最終使成績遠不如預期。

同時，倉促的解決難度大的問題，導致這些學生在解決此類問題時，越來越不能駕馭自己的情緒，又因為時間有限，同時又極度想在考試成績上有所提升，以至於出現心理上的失衡，最終導致緊張，無法進入深層的思考、總結出解題的思路。

我們在考試前，要客觀的評估自己的能力，同時面對難題時保持心態平和，能讓自己以一種「能拿多少分，就拿多少分」的氣魄面對，並在拿的過程中秉承「只要拿就一定要拿穩」的信念。

4 學會一道題，會做一類題

有的同學把提高學習能力的希望寄託於刷題。他們最充實的一天往往是做了很多題目的一天，且在晚上睡覺時充滿成就感，但這種成就感並沒有提升他們的解題能力。當他們意識到這一點，往往會質疑以前的所有努力：我做的題目不比別人少，甚至比成績好的同學還要多，為什麼分數還是不能跟他們一樣優秀？

他們忽略了自己跟學霸的區別：學霸也會刷題，但他們往往是在熟悉和驗證自己總結的想法，甚至是升級這些想法。

而成績普通的學生，是在硬逼自己做那麼多題目，好像只要多做就能提高成績；是在賭氣：「我就不信我做不了那麼多題目。」他們只是表面上練習，但這是「無效做題」，不能從中獲得這些題目背後的思路、邏輯與方法。

有的人認為想提高解題能力，須研究一個具體題目的多種解法，亦即一題多解，並能在此基礎上大量刷題。然而，真相是：儘管一直在追求一題多解，但仍然無法一題多解，也無法大量刷題。

這是指他們往往無法在缺乏外界的支持下一題多解。也就是說，解決當下面對的問題時，往往只能從原有的角度出發，大多時候都需要外界的支援，才能想到其他的解法。支援可能是提供看待這個題目的角度，或新的解決路徑的演示。只要外界給了這些支援，他們就能解決這個題目。但外界不能給予支持時，他們往往一籌莫展。這樣的情況會隨著年級的遞增越來越明顯。因為在學習生涯的前期，一個題目包含的思維量、方法量以及知識量相對偏少，隨著年級增加，題目越來越複雜。

所以我要提醒各位父母：不要總抱怨孩子不刷題。他們不是不想，而是做不到。學霸在一個小時內可刷完二十道題目，而學習方法不對的孩子可能連十道都寫不了。若想跟學霸刷一樣多的題目，得付出更多的時間與精力，但這些付出，往往得不到真正的成長與變化。

想累積寫題目的數量，須具備舉一反三的能力。所謂舉一反三是依靠事物發展背後的規律去解決更多問題。沒有把握背後的規律，就想解決更多問題，只能靠自己的聰明臨場發揮。

我們應秉承這樣的理念去面對解題：**學會一道題，會做一類題**。解決當下面對題目的目的，是掌握在這一類問題上的解題能力，促使自己能解決更多的問題。但做這件事跟知道為什麼做這件事不同，後者是更高層級的思維方式，能確保在實際做事的過程中有「控制」的意識。聽老師講解題目、自己解題時，都要時刻提醒自己：做這道題不單是得到這道題的答案，而是**透過解決這道題目來提高自己的能力**，像是知識、方法，或思想。

任何題目的設置都是為了考查學生對基本知識、基本方法以及基本思想的掌握程度。簡單題重在考查基本知識，知道了原理，進而熟悉，就能解決問題；如果掌握的知識很先進，就能更快解決。中間程度題重在考查基本方法，能看見方法全貌，就能順暢解決；能把握關鍵，就能很快解決；能確認過程中的知識，就能又快又準的解決。難度大的問題重在考查基本思想，有自己的理論就能開始，把握切入點就能推進，把握邏輯就能完成。

在一個題目中，基本知識的角色是建築材料，基本方法的角色是施工圖，基本思想的角色是設計思想，解題人要做的是從設計思想出發，結合施工圖，借助建築材料施工。做事的重心不同，獲得的結果不同。在解決一個具體題目時，先把握設計思想，其次把握施工圖紙，最後把握建築材料。

這是一個從高到低的過程，也正是我一直以來傳達的理念：高度的學習可涵蓋低度的學習。從思想出發，把握方法，熟悉知識——這個題目涉及的相關思想是什麼？它需要我們具有什麼樣的思維方式？它需要我們從哪個角度開始解決？在實際解決的過程中應當遵循什麼方式？在實際推進的過程中應注意哪些問題？其中的關鍵有哪些？階段性目標以及總目標是什麼？在實際推進的過程中需要哪些知識作為解決問題的工具，以及這些知識工具在應用時應注意哪些問題？

如果你認為這只是一道題，那看到的只是基本知識，題目不同，涉及的基本知識均有不同。這個時候，看到的題目會有千千萬萬。

如果認為這就是一類題，看到的是基本方法，題目不同是因為涉及的基本知識不同，但駕馭知識的方法是一樣的。這時看到的題目不再以個數論，而是以種類論，只是種類會有千千萬萬。

如果認為眼前的這道題不是一道題，也不是一種題，而是一個視角，就能看見基本思想，從題目的表現形式出發，分析出解決方案。解決方案包含解決題目的切入點、邏輯以及過程中需要的工具。同時，不單能解決當下這道題，還能解決與它類似的其他題目，而且能從當下這個解決方案出發，得出更多類型題目的解決方案。

而想學會一道題，會做一類題，還應包括訓練。訓練的過程往往包括以下三個步驟：

第一步：與其做一百道題，不如將一道題做一百遍。「一百」不是一個具體的數值，它代表的是**多次做同一個題目**。

解決任何問題時都需要過程，而非借助靈感一下就解決。解決的過程不只是看，還須多做。

魯迅說過：「世界上本沒有路，走的人多了，也便成了路。」這是一個常見的情境：上課時，老師講了一道題，學生聽完後，覺得自己會了。所謂的「會」是看見題目的解決過程，知道應從哪裡開始，以及過程中有什麼、會用到什麼、應注意什麼。

對於多數中等生而言，聽完老師的講解後，往往覺得自己會了，但當他們獨自寫題目時，解決過程往往不如他們想像的順暢。如果你在學習上感覺很吃力，那麼你須看清這個事實，看清事實才能解決它。

老師講完一道題後，覺得自己了解的時候，一定要警醒，此時的明白一定是假象。這時應按照老師的講解過程重新梳理一遍，並重新書寫，不是寫一次，而是一次又一次的寫，直到自己能在完全不依靠任何支援下完成這道題。

在這個過程中，最難的不是梳埋以及書寫本身，而是執行過程中的心態。一些學生會心生煩悶，出現「我已經聽懂了，為什麼還要再多次重新寫」等類似的想法。這樣的心態源於：覺得自己的做法顯得很笨，覺得自己這樣做會被別人看不起。

「為什麼有的學生只是聽一聽、看一看、簡單寫寫就學會了，而我卻要比別人多付出好幾倍的精力？」事實上，能把事做好的人一定是願意下笨功夫的人。只有下得了笨功夫才有可能把握事物發展變化的規律，而且這個把握一定是「把得牢」。

第二步：能否在更短的時間內解決問題。

多次梳理和書寫能讓我們觸摸到問題背後的規律，但觸摸給予的只是一種感覺，並不能讓我們看見規律。那麼怎麼做才能看見規律？快！只有速度夠快，才能看見規律、駕馭規律。

試想，若你不能把握一道題目背後的規律，思考時是不是會遲疑，導致解題時間延長？

可能有人會說，如果寫很多次，答案都記住了，追求速度有意義嗎？如果你這麼想，可找個機會測試：記住答案後寫答案跟掌握規律後寫答案，哪個更快。

想提高速度，關鍵在於**怎麼分解解題過程**，可以從以下步驟著手：

1. 這是哪一類的問題？
2. 基於什麼資訊來判定它屬於這類問題？
3. 這類問題往往要從哪裡開始入手？
4. 解決這類問題有什麼先後順序？要先做什麼、再做什麼，最後做什麼？
5. 在進行每一步時有什麼階段性目標，以及解決問題的大目標是什麼？
6. 實現每個階段性目標的過程中會使用哪些工具？
7. 這些工具在使用的過程中有哪些注意事項？

回答這些問題的過程是分解問題的過程，也是在挖掘背後的規律。

將題目多次梳理與書寫，並借助有效的思維方式來分解解題過程，使得解題速度更快，這便是做到「學會一個題，會做一類題」的技術。

技術很重要，但使用技術的人更重要。技術確實能幫助學生成長，但當把技術呈現給學生時，會有多少人開始做、多少人能堅持做完，這些都是問題。「聽了那麼多道理，依然過不好這一生。」此時不是道理錯了，而是聽道理的人並沒有按照道理去活。

開始做，堅持做，用工匠精神去面對當下正在解決的每一個題目，把每一個題目當成一件藝術品，當成成長的機會。記住，你不是在做一道題，而是為解決千千萬萬的題目做準備，是在做熱身運動。

第三步：結合自己的時間去解決更多的題目，就是刷題，也就是「反三」。願意在一道題上死撐，需要高瞻遠矚的魄力。須有工匠精神，且搭配有效的思維方式，不斷的精進自己對當下這個題目的認識。但這些還遠遠不夠。這個世界很大，大到極盡我們的想像都無法看見它的全貌。解題也是如此，對一道題死撐，即便你怎麼努力，也無法包羅萬象。

因此，你須在做完第二步後，適當停下來，拿著努力後獲得的「劍」走天涯，也就是去刷題。

這便開啟了刷題的過程。這個過程跟前兩步的刷題沒有本質上的區別，區別在於此時是有理論指導的刷題，是開始增長自己見識的過程。

不過，在刷題的過程中，要帶著「使命」。任何理論都是在實踐過程中變得豐富。完成第二步後獲得的解題理論一定會顯得稚嫩，在實際刷題的過程中一定會有瑕疵。

所以，在刷題的過程中，要以一定的量為單位，梳理這些題目，多次書寫，倚靠第二步中秉承的思維方式訓練，升級自己的理論水準。越往後，你就越會發現，無須刻意，就能快速解決新的問題。

5 遇到不會寫的題目怎麼辦？

寫題目時，遇到解不開的問題時該怎麼辦？本書分享四個步驟應對：

第一步：喚醒。不是不會，只是沒有發現自己會。在解決一道題時，有時我們會發現一開始，坐著想來想去也做不出來，這時出去走一圈，沒有特意去想該怎麼解，但回來再看題目時，忽然就會做了。

這中間究竟發生什麼變化？並沒有發生變化，而是原本就具有解決題目的能力，因為看見了之前沒有看見的資訊，開始從這個資訊出發來思考，就會做這道題。那麼，是什麼事讓你發現了這些資訊？假如我們是修理工，有一架機器壞了得修理，走到這架機器面前時，找不到它是哪裡出問題。這時，你會先做什麼？

第二步：觀察。不是在單一位置上觀察機器，而是上下左右從不同角度看，才能看出端倪。

但我們在面對一道題時，經常無法從不同角度去看，往往陷入其中；除非外部環境的刻意干預，才能讓我們從原有的角度跳脫出來，重新觀察。也就是說，出去走一圈時，大腦沒有針對問題思考，當重新回到座位上再看這道題，**無意中換了一個角度重新審視題目**，讓我們看見最關鍵的資訊，喚醒了以前解決這類問題的經驗。

但在現實中，我們無法出去走一圈，例如上課以及考試時；也無法確保在走一圈時能把大腦清空，不讓自己思考；更無法確保自己能換一個角度去審視當下這個題目。怎麼辦？

我們的目標很明確，就是**讓自己看見應看到的資訊，好讓它喚醒深藏在我們大腦深處的經驗**。

所以，在面對一個問題不能下手時，要**把題目再從頭到尾讀上幾遍，而且變換不同的方式讀它**。記得，這個動作一定是刻意的。可從頭到尾默讀、搖頭晃腦的讀、以一種誇張的表情讀、把這個題目倒著讀……若還是不能喚醒你，這時我們須**閉上眼睛，靜靜的待上幾分鐘**。這個過程中，不思考題目該怎麼解，只是盡最大能力還原題目的樣貌。若花了五分鐘還是無法把題目還原到大腦中，就睜開眼睛看題目，看自己遺漏了什麼。

也許，睜開眼睛尋找剛才沒有看見的資訊時，就會發現那個資訊正是關鍵。若還是不行，再將上面的過程重複一遍，最多三遍。當我們能完全在頭腦中還原題目，但還是無法下手解決時，要做的就是更進一步的動作。

第三步：整合。首先，從自己的角度出發去看題目。你覺得題目可能在考什麼？有哪些資訊可能是關鍵？題目可以怎麼做？確定這個問題屬於什麼類別，應從哪裡開始，遵循什麼方式以及借助哪些工具進行。

接著，**換成題目設計者的角度**，也就是換成另一種思維方式，重新整合已有的經驗。

題目設計者去設計這個題，一定會從他對當下這個學科的理解出發，考查答題者對學科的認知。這時，須站在題目設計者的角度審視：題目設計者想透過這個問題考查什麼？基於這個考查目的，他會遵循什麼指導思想？基於這樣的指導思想，他會採取什麼方式？在這個過程中可能會考查什麼工具？

以這樣的思維方式，重新審視眼前的題目。不是我們覺得題目應怎麼想，而是題目設計者要我們怎麼想；會從題目中的哪個資訊，來「誘導」我們看懂他的想法；要我們從什麼指導思想，出發尋找題目的切入點；要如何開始解決這個題目；在這個過程中會設計什麼陷阱，我們要注意什麼才能躲避這些陷阱等。

以這樣的思維方式審視題目時，也許能完美的解決它。如果還不能解決它，其中的原因可能就不是資訊本身的問題。資訊可能都被看見，但我們無法把握隱藏在資訊背後更多相關內容，所以無法整合我們已有的經驗。

第四步：理解。這時候就須羅列題目涉及的各個資訊，一行行的擺在眼前，揣摩每個資訊的源頭。

如果學生不能從題目的資訊出發找到解決問題的切入點，可能不是因為他不知道這個問題的類別，而是因為他對這個類別的認知沒有建立起來。

換句話講，他對這個題目中的資訊沒有理解到位，或只是有感覺，而不能很確定這些資訊背後的規律，也就是學習尚不到位。這可以透過回顧資訊的源頭補足，但更應該把學習過程中應做的事做足。

6 學數學，不要拒絕記和背

很多人會說，數學根本不必記和背，只須理解就行了。然而這樣想的孩子，數學成績往往不太好。

為什麼我這麼說？因為在他們看來，數學成績特別好的同學從來沒有記和背，所以自然認為，數學想學好，不須靠記憶。事實上，數學成績特別好的孩子，**只是在很短的時間裡完成了記和背**。例如，看到一個公式或推論時，他們可能只須看一眼，或頂多花兩分鐘，就已深深的記在腦中。

而數學成績不太好的孩子想記住，可能需要三分鐘、五分鐘，甚至十分鐘。所以他才有這樣的錯覺：學得好的孩子，根本不用記和背。

其實，只是成績好的同學基礎更好、記得更快而已。不只是數學，學任何科目都是如此。如果滿分是一百分，你的英文成績在九十五分以上，你記一個新英文單字，可能只需要一分鐘；如果成績在八十五分左右，可能需要五分鐘來記單字；如果成績在六十分或六十分以下，可能需要十五至二十分鐘來記單字，而且忘得更快。

同樣的，數學成績越高，代表他對數學知識的理解更到位，所以看一眼新的知識就記住。不是死記硬背，**而是對知識融會貫通**，一旦記住，就不容易忘記。

我是高中的數學老師，所以對於數學公式或推論，包括新的解題思路會特別敏感，經常看一眼就知道癥結所在。如果相同的問題放在語文老師面前，他可能看三分鐘也找不到切入點。

這個現象的根本在於，認知水準越高，掌握知識也會更有效率。

記和背，其實是學好數學的第一個坎。我教數學時，首先引導學生把數學中涉及的基本概念、定義先多讀幾遍，盡量記住。記住後，才能理解知識背後的規律，進而把握概念背後的意義。

接下來，我通常會闡述知識，把「一眼就看懂」的對象透過我的闡述，讓學生看見。看見後，學生未必就掌握了，所以要把新學的知識或思路寫下來，再多讀幾遍。

第一次的記和背，記的是有形的東西，之後要記憶的是無形的東西。把有形的跟無形的都記下來，才能真正學好數學，後續解題時，才能又快又準。為什麼大家覺得學數學時記和背沒有用？因為大家記的都是有形的東西，只是死記硬背。**而真正有效的記和背，一定是深度理解知識後，把有形的東西進一步分解，變成無形的思考**。若你真正記住了，就代表你理解了。**所以，不要拒絕記和背**。

我經常說：「如果你腦袋裡都沒有東西，你去理解什麼？」

有學生跟我說：「老師，關於單調性的這一節，我學得不太好。」我問他：「什麼叫單調性？我們在講單調性前，還講了一個增減性的概念，那麼，你知道什麼叫增減性嗎？」然後他就愣住了。他不知道什麼叫增減性，也不知道什麼叫單調性，那麼在寫題目時，他怎麼可能理解題目的意思？

你想理解某個知識，須先在腦海裡植入一個理解的對象。所以，首先你必須記住有形的東西，像是概念、定理、推論等。其次，透過記住有形的東西，再記住老師的講解過程。最後，慢慢的生出自己對問題的理解，是無形的東西，將來指導你學習，讓你在解題時能又快又準。

那要做到什麼樣的程度？**越多越好，越熟越好，越先進越好**。「越多越好，越熟越好」這比較好理解，「越先進越好」是什麼意思？見以下範例：

我常問我的學生，如何找出一個點與一條線對稱後的那個點的坐標？他回答：「這個問題很簡單。兩個點的中點就在中間的這條線上。而這兩個點連起來的線，跟中間這條線垂直。」

我繼續問他：「任意一個點（x_0，y_0）與任意一條線 $Ax+By+C=0$ 對稱後的那個點的坐標，該如何找出？」計算這題得花多少時間？至少八分鐘。

但另外一個在班裡屬於學霸的孩子，他就會這麼說：「老師，這很簡單啊！任意一個點（x_0，y_0）與 $Ax+By+C=0$ 對稱後，得到點坐標（$x_0-2A\dfrac{Ax_0+By_0+C}{A^2+B^2}$，$y_0-2B\dfrac{Ax_0+By_0+C}{A^2+B^2}$）。」

他幾乎瞬間就得出了結論。

前者的同學也知道兩個點的中點在這條線上，可用中點坐標公式去解決，並知道，這兩個點的連線跟中間這條線是垂直的，所以它們斜率的乘積等於 -1。但是跟後面那位同學相比，就不夠「先進」。

什麼叫先進？很早之前，聽音樂得買一臺錄音帶播放器；須打電話時，得買個大哥大；要計算的話，得有計算機。現今你只用手機，統統可搞定。手機相對於前面的錄音帶播放器、大哥大、計算機，是不是先進很多？

對於知識的學習也是如此。公式、定理、結論、推論等，是解決數學題目的工具，那麼對於工具而言，要求一定是越多越好，越熟越好，越先進越好。**記憶、背誦等是學習要過的第一個坎。第二個坎是梳理方法，第三個坎是建立思想**，這些我在後面會講到。如果你連第一個坎都邁不過去，那麼第二個坎和第三個坎就只能馬馬虎虎的越過去。

所以我覺得，凡是問「學數學要不要記憶和背誦」的孩子，他的數學成績往往不太好，而且越後面越跟不上。有什麼樣的認知，就會有什麼樣的成績，你只能得到和你所在的層次相匹配的分數。

7 完全複製，直到變成本能

高度的學習可涵蓋低度的學習。一個人對於正在做的事的定位，決定了他做事的重心在哪裡，決定了這個過程中採取的一系列方式，進而決定了這件事的最終走向。

《不射之射》是一部由上海電影製片廠出品的動畫電影，講述了春秋戰國時期，一個名叫紀昌的人學習射箭的故事。

紀昌是春秋戰國時期的趙國邯鄲人，從小夢想著有朝一日能成為天下第一神射手。於是，紀昌打算拜邯鄲城裡的名射手飛衛為師，向他學習射箭。飛衛的箭術確實了得。百步之外，指定一片柳葉，他也能穩穩的射中。

但當紀昌準備拜飛衛為師時，飛衛卻說還不能收紀昌為徒。飛衛告訴紀昌，若想學習射箭，得先學會不眨眼。

聽完飛衛的教誨以及要求後，紀昌二話不說，回家後就開始練習不眨眼的功夫。先是單純練習不眨眼，再來是躺在妻子的織布機下面看著梭子練習不眨眼，經過兩年的練習，紀昌練就了一套不眨眼的功夫。

當紀昌再去找飛衛拜師學習時，飛衛依然沒有收紀昌為徒。

飛衛在聽完紀昌的成果彙報之後，拿出一粒米，然後在米粒上寫了幾個字，拿給紀昌看，問紀昌能不能看見寫什麼字，紀昌表示看不見。飛衛緊接著展示了自己在這方面的能力，同時告訴紀昌，什麼時候學會把小的看大了，他就可收紀昌為徒。

飛衛的行為充分說明了飛衛是一個好老師，他確實打算收紀昌為徒。

紀昌相信飛衛的箭術，相信飛衛讓他做的事一定可幫到自己，因此紀昌馬上去做。

回家路上，紀昌看到路邊的流浪漢，便向流浪漢要了他身上的蝨子，用妻子的頭髮綁住蝨子後掛在窗戶上，夜以繼日的看，看了三年。三年後的紀昌把一個小小的蝨子看成一匹馬。

當紀昌把蝨子看成一匹馬時，自己在家裡拿出弓箭做了幾次試驗，發現自己這幾年儘管沒有練習射箭，但居然能百發百中。

當紀昌把這個消息告訴飛衛時，飛衛非常高興的收紀昌為徒，開始教授紀昌射箭的技藝。紀昌的學習速度非常快，短短幾個月的時間內，就把師父的射箭技藝全部學會。同時，飛衛告訴紀昌，他已可稱得上是天下聞名的神射手。

當然，這個故事到這裡還沒有結束，我會在後續的章節，繼續講紀昌如何從天下聞名的神射手走向箭術的最高境界。

學生應當具備方法意識

紀昌花費五年多的時間成為天下聞名的神射手，好比一個中等生將自己「變為」學霸一般，而這個過程的重點在於：

1. 具備學習意識。我們對世界的認識一定是片面的，無法讓眼睛看到世界的全部，無法讓頭腦想到世界的全部，無法讓雙腳走遍世界。但在有生之年，我們若能看見更多、想到更多、走過更多，人生終將是幸福的。

那麼，如何才能看見更多、想到更多、走過更多？這要透過學習，將認知孤島連接起來，這便是我們一直在做但沒有意識到的學習意識。紀昌相信：想成為天下第一的神射手，須向高手學習。

2. 能看見方法。任何一個事物，無論是認識它，還是解決它，都有方法。既然是方法，就有切入點、從切入點開始的流程、階段性的目標與總目標，還有實現階段性目標需要的工具。

在打算開始向他人學習方法時，要有這樣的意識：**過程中，拆解學習內容；學會後，用一定的思維方式審視**。

紀昌相信師父飛衛讓自己這樣做一定有他的道理。因為不眨眼，所以他的專注力更加到位；因為能把小的看大，目標能看得更清楚，這便是成為神射手的切入點。

3. 按部就班的經歷。在看見方法後，須始終記得此時只是看見，只是學習的開始。接下來要做的是按照方法經歷全過程，絕不能只是在大腦中經歷。剛開始一定是模仿，按照已知的方法按部就班的進行，過程一絲不苟，並且是身體上的行為。在整個學習射箭的過程中，紀昌沒有表現出任何不情願，完全按照師父飛衛的要求去執行。

4. 完全複製，直至變成本能。但身體上的行為絕不能只是複製一次，否則不能深入事物的核心中。一定要多次、完全的複製方法，直至能在極短的時間內執行。在這個過程中，紀昌不只是按部就班的做，他在做這些事時，盡自己最大的努力做到極致。也正是因為這樣，師父飛衛才願意教授他真正的射箭技藝，而非一開始就教授。

5. 把握規律。因為能在以上四個層面做到位，即便沒有老師的指導，也能解決大多數問題。就像紀昌練完把小看大後，在家裡練習時就已能順利的射箭。不過，還是因為師父的指導，他才能把自己的實力發揮出來。飛衛的指導就好比射箭技藝的理論，理論是事物發展變化背後的規律，是把一件事做成做好的「理」。把握了規律，把握了「理」，才算是把握了事物的「魂」。

6. 具有反覆升級的意識。只接受指導是遠遠不夠的，還須實踐學到的「規律」、「理」、「魂」。所以，飛衛教紀昌學習射箭的過程是：先告訴紀昌射箭的方法，再告訴紀昌其中的關鍵，以及要遵循的理論，然後演示給紀昌看，再讓紀昌演示給他看，基於紀昌的問題再次演示，讓紀昌再演示給他看……如此循環直至到達最高要求。

8 解決問題的底層思維

知識是解決問題的方案，它同時具備經驗性與工具性。因為它的經驗性，可作為工具來解決問題。例如，知道單價×數量=總價，買東西時就知道該付多少錢。同時，知識在形成的過程中也作為解決方案，改造學習者的思維方式以及方法論。

學習上尚未開竅的同學，在學習時意識到的經常只是知識的經驗性。儘管知識作為解決方案，在它的形成過程中也在改造我們的頭腦，但因為我們不能意識到，導致我們不能關注到這個過程，最終即使有改造也不徹底，得到了知識也不明晰。

知道為什麼在做這件事，相比只是在做這件事，區別在於**前者用理論駕馭自**

己的行為，身體知道，大腦也知道；後者只是身體知道，大腦不知道。所以前者的學習效率要高於後者，同樣的聽了一節課，同樣的知道了一個概念，前者能舉一反三，後者只能就事論事。

這就要求我們在面對學習時，意識到知識作為解決問題的工具，不應僅停留在簡單的使用它，還應當深入的理解，知識如何作為解決方案的形成過程，並能借助其中涉及的方法論，改造自己的頭腦。這才是真正的學習。

任何知識的存在不是無來由的，是人類在生存與發展過程中基於問題而產生，知識的發展路徑也一定是遵循底層的思維路徑向前發展。就好比西方經濟學的開始有三個基本前提：

> 第一個基本前提假設是理性人假設，又稱經濟人假設，或最大化原則，是西方經濟學中最基本的前提假設。
>
> 第二個基本前提假設是資訊完全假設，價格機制是傳遞供需資訊的經濟機制，資訊完全假設具體展現在自由波動的價格上，最大化原則加上完全競爭假設才能推導出資訊完全假設。

第三個基本前提假設是市場出清假設，它與前兩個基本前提假設具有明確的因果關係，是前兩者的邏輯推論。現代經濟學的發展圍繞著對這三個基本前提假設的反思而展開。

依託於此，才有了後續的所有問題。

知識的背景以及知識的生成過程，會提供給我們解決問題的底層思維，為此，我們須從這個意義上開始自己的學習過程。

9 課本是根本

課本是最好的學習資料，但很多同學往往會把它擱置在旁，不深入研究，從而失去找尋知識的背景以及生成過程。

課本要認真的讀，還要結合更多的相關資料讀，而且要在讀的過程中，不斷問自己以下問題：

・發生條件：為什麼要學這個知識，今天要學的知識是基於什麼背景提出來的？知識背景即是我們想解決的問題，若所學無法解決問題，只能算是資訊。

・問題模型：要解決的問題是什麼？要從問題出發，結合目標，抽離主要矛盾，形成問題模型。

・思維方式：為了解決這個問題須做什麼準備？這個準備包括工具以及思想方法的準備。

・方法論：須從哪裡開始解決這個問題？也就是解決問題的切入點——基於宏觀意義上的分析、判斷，從宏觀進入微觀的路徑。

・注意事項：解決這個問題要遵循什麼流程，以及該流程各個節點應遵循什麼目標、原則，使用什麼的工具？

基於上述這些問題形成的解決方案，即是我們要學習的知識。能不斷的審視學習過程，獲得的知識即是真知識。隨著不斷的累積真知識，思維方式會不斷升級，方法論會不斷完善，工具會越來越先進，讓知識延伸、遞進、創造、發展，從普通走向卓越。

10 重複是關鍵

我們現今學習的一切知識都能解決問題，否則只能稱為資訊。當下遇到的某個問題可能只須某個單一的知識就可解決，也可能要多個知識相互配合才能解決。單一知識是問題的解決方案，多個知識相互配合也是。區別在於前者的效率高於後者，是後者的升級整合。知識作為問題的解決方案是從問題出發，結合對問題的判斷，同時它又將作為被整合的對象，嵌入其餘問題的解決過程中。

也就是說，前者作為一個知識是從後者而來。前者是對後者進行一般化、標準化的產物，具備先進性。對已有的知識進行一般化，即是對知識的背景生成過程、表現形式、工具價值重新審視的過程。

我們應當明曉，知識作為問題的解決方案是對其餘知識的整合，它在解決問題時具有工具性。

這就須從兩個角度審視知識：

一、知識作為解決問題的經驗要靠累積，同時能幫自己解決遇到的問題。

二、知識成為一個知識的過程，即是把握其他知識的整合過程。前面是魚，後面是「漁」，魚要抓得住，「漁」更要抓得住。也就是說，知識本身作為問題的解決方案既有宏觀意義，又有微觀意義，不能用一成不變的眼光看待。

而對已有知識進行一般化，須遵循的原則便是「重複」二字。

我們面對學習時常犯的就是，走完解決方案的形成過程，就認為自己把握了知識。

聽老師上課，能否代表我們把握了知識？這從解題結果可看出來。考試結束後，老師往往會指著考卷問你：「解決問題需要的觀念，有哪個不是我在課堂上講過的？」是的，都已被老師講解過，甚至還被強調過，但中等生在考場上可能不知道那個知識，或用那個知識解決問題時總模稜兩可。

這個現象凸顯的問題，**便是沒有將老師講解的知識進行一般化**。

跟著老師的講解走下來，不代表能獨立解決問題，更不能代表有把握解題。

想真正的把握問題的解決方案，須問自己**第一個問題：能否在不借助任何外界的支持下，獨立完成問題？**

也許不夠幸運，我們不能。這時要確定做不到的原因：是不能開始，還是不能繼續？

不能開始是因為缺乏對問題的判斷，進而缺少針對這個問題的想法。不能繼續是因為，缺乏對問題解決流程的宏觀把控以及工具的支持，進而缺少對各個流程節點的控制。

因此，我們須按照解決問題的標準方案重新走一遍，甚至很多遍。這個走首先是形式上的走，透過多次的走，才能更順暢；而後是內容上的走，開始關注問題怎麼開始，各個流程節點如何連接，各個流程需要什麼工具支援，以及這些工具在使用上應注意什麼，開始關注問題如何收尾。

這個過程是基於標準方案來模仿。多次模仿，把握住標準方案才能從形式走到內容。

但這只是重複的第二步。想掌握以及運用知識，還須進行下一步工作。

要開始問自己**第二個問題：能否在極短的時間內獨立書寫這個解決方案，並感受到思維快感？**

三分鐘處理一個問題跟三秒鐘處理一個問題，在結果上的差別也許不明顯。不分學習能力的高低，可能大家都能解決同樣的問題，但在解決問題的高度上會略有差異。這個差異，在我們日常的學習過程中似乎表現得不明顯，我們討論該問題時，也差別不大，但這個差別，會默默的逐漸加大彼此之間的距離。

例如，遇到其他類似的問題時，就開始展露出來。三秒能解決原先問題的同學，往往能很快的結合原有思路開始解決新問題；而三分鐘解決原先問題的同學，可能無法解決或須花費更長時間才能解決新問題。

從形式上來看，我們會說前者具備很強的知識遷移能力；從內容上來看，前者把握的不僅是原有解決方案的形式與內容，還把握了其中的規律。

規律源於形式與內容的剝離，可借助不同的形式與內容呈現，呈現出來的樣子是新的，可解決類似的問題。所以，**三秒鐘解題代表的不單是速度，還代表著把握背後潛藏的規律**。

這就要求我們在完成第一個問題後，開始刻意訓練第二個問題。這個訓練不應是背下解決方案，或訓練書寫速度。儘管透過這兩個訓練，能做到快速解決問題，並能感受到隨之而來的成就感，但這並不是我們應該追求的，因為這樣的刻意訓練，不能讓我們感受到源於思維上的成就感。

基於第二個問題的刻意訓練，從形式上來看是重複行走的過程，在內容上卻是對解決方案進行一般化，為此要針對以下幾個方向展開：

- 看見了什麼？
- 想到了什麼？
- 都做了什麼？
- 都用了什麼？
- 能解決什麼？

基於第二個問題的刻意訓練，要從前述五個方向來分解解決方案，促進我們把握解決方案背後的關鍵核心。

11 人的思維就像電腦CPU

前文中的第一個問題以及第二個問題，仍是針對已有知識的學習，但遠遠不夠。因為任何知識的生成都是基於對問題的思考，囿於原有經驗的不同，再加上人的認知局限，所以，隨著發現新的相關問題，就要結合新問題對舊問題重新定義，才能順利的解決新問題。

但不是所有人都能對問題重新定義，一個人也難以對所有問題重新定義。重新定義須對問題有極其深入的研究與思考，需要第一個問題以及第二個問題的支撐。就像蘋果公司的聯合創始人之一史帝夫．賈伯斯（Steve Jobs）發布第一代iPhone時，蘋果公司包括賈伯斯本人，在這個領域內已有了多年的從業經歷，同時第一代iPhone的開發也經歷了將近三年的時間。

第一個問題以及第二個問題支撐下的學習是有章可循的，是前人栽樹、後人乘涼，只須認真努力，按部就班就可做到。但想重新定義問題，就要結合已知的知識，從知識的源頭出發，從新問題出發，重新思考，才能開始知識的延伸、遞進、創造、發展的過程。

學習的過程是從零到一，對知識的延伸、遞進、創造與發展是從一到一百，甚至更多。只是這個時候不再有章可循，需要換一種新的思考路徑，而想產生新的思考路徑，依靠的是思維方式。

稻盛和夫被稱為經營之神。如同前面提到，他在自傳中講過一個公式：一個人的成功＝思維方式×能力×努力（熱情）。其中思維方式的取值是負一百至一百，能力的取值是零至一百，努力（熱情）的取值是零至一百。

稻盛和夫認為一個人想在事業上成功，不單取決於自身的能力以及熱情，還取決於自身面對事業的思維方式，而且思維方式扮演極為關鍵的作用。

多年的教學實踐也給了我同樣的啟示：學生想在學業上取得更高成就，不單要關注考試，還要訓練自己的解題能力，更要不斷增進認知水準，但是這些還不夠，**還須增進學習的思維方式**。

思維方式就好比一臺電腦的CPU，方法意識就好比一臺電腦的操作系統，人的品性就好比一臺電腦的配件。

知道如何應對考試，知道如何提升解題能力，但沒有思維方式的成長，就無法發揮出更大的效用。

12 觸摸其存在、感覺其規律、預測其趨勢

若想做到跨越式成長，應該怎麼思考？「進得去」是一種思維方式：在看到眼前任何事物的那一刻，我們就是事物本身，結合已有的經驗，跟事物一起感受變化與發展的規律，預判它可能的趨勢。

「**觸摸其存在、感覺其規律、預測其趨勢**」，這十五個字是成長進得去的方法論。

學生之所以學習不開竅、很吃力，是因為在學習時，總把自己置身事外。

試想，一個學生在上課時，只跟著老師的講解往下聽，沒有站在老師的角度審視當下這個問題，會是什麼感受？就像劉姥姥進大觀園，滿是新奇，看多了，腦袋就會不知所措，甚至開始犯睏，之前的所見所聞如浮光掠影，不能把握住。

很多學習能力不足的學生，總處於這個階段。

年級越高，思維方式對學習效率的影響越大。在國中後期，常有一些學生在聽課時，顯得有點心不在焉，有時甚至閉著眼睛，用手托著腦袋。我們以為他沒在聽課，但他偶爾也會抬起頭，對於老師提出的問題也能在第一時間回答，答案甚至可稱奇，課堂筆記也記得非常棒，當然，考試成績也非常棒。

為什麼？

他在課堂上是在聽，不過這個聽是超越式的聽。他閉著眼睛，用手托著腦袋時，他的預判與老師的講解一致，他只是在驗證；他抬起頭來時，是他的預判與老師的講解有所差異，因此重新預判問題的發展、走向。他們在聽講時遵循的即是進得去的思維方式。

我再強調一次，想擁有進得去的思維方式，只須遵循這十五個字：觸摸其存在、感覺其規律、預測其趨勢。然而知道這十五個字，並不等於就能實踐。思維是有慣性的，想遵循這樣的思維方式去做事，得先大量訓練。

一名學生寫錯一道題，經他人的提醒後知道怎麼解決，但在下一次出現相同問題時，他還是需要別人提醒。在別人第一次提醒他後，他本來覺得再遇到這個問題或類似問題時，一定能調整自己的思維。但當問題出現在他眼前的那一刻，他還是**本能的選擇了第一次的思維方式去面對問題**。

改變一個人真的是太難了，尤其是思維方式上的改變，**不是不知道，而是知道後不能在實際行為中實踐。這便是大腦知道跟身體知道的區別**。該怎麼辦？訓練。下面提供兩個小辦法，幫助大家訓練進得去的思維方式：

1. **看金魚**。準備一個小魚缸，放上水，裡面放一條金魚。每天在固定的時間觀察，例如每天晚上八點，每次十分鐘。眼睛平視魚缸，看著魚缸裡的金魚。在看著金魚時，把自己想像成金魚。在這個過程中，感受金魚游動的規律。

在金魚靜止不動時，感受牠的身體，同時預判牠可能游動的方向。在開始游動的那一刻，驗證自己的預判，如果不一致就調整；如果一致，記住這個規律，並預判之後游動的方向。

在金魚游動時，感受牠的身體，同時預判牠可能停下來的位置。在金魚停下來那一刻，驗證自己的預判，如果不一致就調整；如果一致，記住這個規律，並預判之後停下來的位置。

2. **觀察植物的生長過程**。準備一顆種子，以及相關材料，確保它能夠生根發芽。每天在固定的時間觀察，例如每天晚上八點，每次十分鐘。以最舒服的姿勢去觀察植物的生長，在每天看著植物時，把自己想像成那棵植物。

在這個過程中，感受植物生長的規律。

第一天時，結合自己感受到的植物生長規律，預判第二天的生長情況。

第二天時，對比自己的預判與實際的生長情況，若不一致，調整之前感受到的規律，預判隔天的生長情況；若一致，強化自己感受到的規律，並預判隔天的生長情況。循環往復。

13 要有「學進去」的思維方式

在訓練進得去的思維方式時，並非能馬上感知到規律並準確預判，這個能力是逐步成長出來的。

剛開始訓練時，一定會覺得無聊，尤其是在觀察植物的生長過程時，不知道自己在做什麼。

植物的生長過程非常緩慢，很難用肉眼觀察，除非完整拍攝它的生長過程，並將影片加速播放才能看得見。在觀察金魚游動與靜止時，也會覺得無意義，因為金魚的游動與靜止太沒有邏輯了。

當看著這一切時，若不能忘掉自己，將自己變成觀察對象，時間會變得非常慢，大腦會一片空白。這個階段，我稱為**無意識階段**。

當開始忘掉自己，把自己變成觀察對象時，就能夠看見細節，結合自己的體驗，感知到其背後的規律。

隨著時間的增加，能看見的細節會越來越多；隨著細節不斷累積，觀察對象會變得越來越清晰，此時就能藉此看待周圍的環境。

每個人眼中的世界是不一樣的。金魚的世界和植物的世界也不一樣，金魚的游動與植物的生長都在遵循自己的世界觀。當看見的細節越多，它們遵循的世界觀將會被你發現。這個階段，我稱為**進入階段**。

因為開始能感知到變化的規律，接著就能預測未來可能的趨勢。只是這時感知到的還只是特定對象的變化規律。這個世上還有不同的事物，有不同的變化規律，須從此出發連接目之所及的其他事物。這時無須刻意，會隨著你對觀察事物的感知自然的連結。這個階段，我稱為**發散階段**。

萬法歸宗，這世上的萬事萬物都遵循相同的法則運行。以前你之所以不能體會到這一點，是因為從未從觀察對象的角度看待這個世界，當你能這麼做，你會發現觀察對象眼中與你眼中的世界不一樣，但也正是因為不一樣，最終造就你們眼中的世界一樣。這個階段，我稱為**歸攏階段**。

這四個階段是思維能力不斷升級的過程，是透過不斷重複「觸摸其存在、感覺其規律、預測其趨勢」而來。

14 將累積的知識連接起來

「出得來」是一種思維方式。基於這種思維方式，當下關注的對象本身既作為整體存在，也作為部分存在。

還記得前文中的墨耘吧？相信很多人好奇我在當時怎麼指導墨耘，使得她的成績在短時間內飛速提高。那時，我送給墨耘一段話，源自王國維的《人間詞話》：「詩人對宇宙人生，須入乎其內，又須出乎其外。入乎其內，故能寫之；出乎其外，故能觀之。入乎其內，故有生氣；出乎其外，故有高致。」

我跟她說：「這段話，妳要好好讀，好好體會，並結合妳從這段話中體會到的看待問題的思維方式，整合當下正在學習的數學知識以及題目，並以文字的形式寫下來。」

關於墨耘的數學學習情況在前文中已有簡要說明，她該知道的都知道，甚至也了解超出範圍的內容，很多問題都能回答得頭頭是道，但這些能力並不能促成她在考試中取得很好的分數。其中的根源在於，高三更側重於綜合性、知識與知識連接的考查，而她之前**累積的知識都是點狀的，沒有連接起來**。單就其中一個點去看的話沒有問題，而一旦連接起來，她就顯得有些吃力。

不過，她缺少的並非連接能力，而是**將知識進行連接的意識、出得來的思維方式**。後來我並非對墨耘講述具體數學知識以及相關題目，而是探討出得來的思維方式。這個思維方式要求我們能把眼前的對象既看作整體，又看作部分。

在整體觀的支撐下，思維中只有對象本身。這時對象本身包括的全部元素組成了對象，須看到這些元素如何連接形成對象，思考它們怎麼連接。

在部分觀的支撐下，思維中除了眼前的對象，還有別的對象。此時眼前的對象是更大整體中的元素，這時須明白要研究的對象與別的對象之間有連接，找到要研究的對象如何與其他對象連接，它的哪個元素扮演最為關鍵的作用。

15 把握「出得來」的過程

在出得來這個思維方式的訓練過程中，不是一下子就能把眼前的對象看成整體，同時又看成部分，這樣的能力是逐步培養出來的。

人們往往會這樣描述不同人的學習能力：第一種人不用教，第二種人用言教，第三種人用棍教，第四種人用什麼教都不行。

關於這四種人的學習能力其差異，一方面是源於先天資質，另一方面則是源於覺悟。

第一種人不用教，不是指他不向他人學習，不須別人教他，而是他在面對成長時，很明確知道自己要什麼，知道自己應該怎麼做，所以學習效率會很高，往往在極短的時間內抓住關鍵，並掌握它，還能在原有的基礎上反覆升級。

第二種人用言教，是指需要別人告訴他為什麼要做這件事，在別人的引導、演示、強調下才能看見問題的關鍵，並掌握它，經常沒有想到要反覆升級。

第三種人用棍教，是指他是在別人刻意的要求下，帶著很大的情緒去做事，他需要在別人的引導、演示、強調下才能對問題有反應，不常把握問題的關鍵，也就談不上完整、順利的解決問題了。

第四種人用什麼教都不行，無論是講道理，還是刻意要求，他都不去做這件事。即便有引導、演示、強調，他都視而不見，經常只是對問題有所了解。

很明顯，第一種人是自發的去做事，第二種人是因為被說服而去做事，第三種人是被要求去做事。不同的出發點導致對事物的審視方式不同，也就是思維方式不同。

對於第一種人來講，他是自發的去做事，目的很單純，就是解決眼前的事。這時他感到興奮，研究事情本身，也就是把當下面對的事作為一個整體來看待。當不能解決時，他會本能的跳脫出來，把當下面對的事當成一個部分，尋找與之有關聯的事。

對於第二種人來講，他是被說服的，他因為相信別人的引導而去做事，但往往無法發現引導背後的出發點。所以當事情出現在他眼前，事件本身就是全部，他會從別人的引導開始看見，從演示開始進入，隨著強調進入事情之中的細節。他能做好當下這件事，但因為不能從當中跳脫出來，所以不能駕馭這件事，在實際應用時不夠遊刃有餘。

對於第三種人來講，他是被要求去做事，會帶著情緒。他在審視當下這件事時，思維當中除了當下這件事之外還有別的事，當下這件事只是思維當中的一個部分。所以即便有別人的引導、演示、強調，也只看到外在形式，無從把握關鍵。當然，他也沒想著要把握事件的關鍵。

自發的去做事的覺悟從何而來？

首先是信念。相信站的位置不同，本身是不同的。站在山腳下看到的風景，與站在山頂看到的風景是不同的，當我們站在山腳下時，要告訴自己，此時看到的風景，會因為走到山頂而發生變化。

當借助進得去的思維方式，審視對象本身但還無法解決的情況下，要知道能出得來時，這個問題本身一定會發生變化，將不再會是自己當下糾結的樣子。

其次是定位。站得越高，才能看得越通透。

高手之所以被稱為高手，是因為他在一開始做事時，就有做到極致的定位。

回到前文講的《不射之射》的紀昌身上。紀昌在拜飛衛為師、學習射箭前，有自己的定位：成為天下第一神射手。跟著飛衛學習射箭的過程中，儘管旁人看來只須做到門檻級的要求，紀昌還是堅持做到別人達不到的程度。也正是因為這樣，紀昌才練成了神射手需要的基本功，讓飛衛願意傾囊相授。

而紀昌之所以沒成為天下第一神射手，一來跟飛衛能教給他的有關，更跟紀昌本人沒有自我覺知有關，否則他不會在一開始提出成為天下第一神射手的定位，不會在聽完飛衛對他的箭術評價（飛衛教完紀昌後，告訴他現在可稱得上天下聞名的神射手）後向飛衛挑戰，想打敗甚至殺掉師父，更不會在見到第二個師父甘蠅時，炫耀自己的箭術。

一個有覺知的人，不會提出成為天下第一的定位，他知道人外有人、天外有天，無論做何事，只有更好，沒有最好；他相信學無止境，因此會不斷做事，而且是自發的做；他知道自己要關注的不是要比別人強多少，而是要比昨天的自己再精進一些。

所以，想成為第一種人，想擁有出得去的思維方式，還須在自我覺知上不斷精進。

紀昌跟飛衛決戰之後後悔萬分，飛衛也慶幸自己沒有死在學生紀昌手上。這時飛衛向紀昌推薦找峨眉山上的甘蠅。紀昌到了峨眉山見到甘蠅時，他的內心充滿驚訝與懷疑，驚訝這個世上還有這麼老的人，懷疑甘蠅是不是真的如飛衛說的那樣厲害，所以紀昌一見到甘蠅，就急不可待的展示自己的箭術。

看完紀昌的箭術，甘蠅沒有像飛衛一樣嚴肅，而是笑著把紀昌帶到懸崖邊，指著懸崖邊上的一塊巨石，示意紀昌站在懸崖邊那塊巨石上表演他的射箭。當紀昌站到巨石上時，巨石開始晃動，還有不少石塊落下，使紀昌心驚膽戰，雙腿發軟，直接趴在巨石上，這時，也就談不上射箭了。

沒想到，甘蠅竟然跳上了巨石，還透過晃動巨石做熱身運動，而且他竟然沒有拿弓拿箭，只是用雙手做出射箭的姿勢就把天上的鳥兒射下來，而且鳥兒還是活的，還能繼續飛。

紀昌後來跟著甘蠅在峨眉山上待了九年。九年後的紀昌跟之前相比變化很大，這並非指紀昌表演的箭術，而是他的風貌。

飛衛再次見到紀昌時，也發出驚呼：「這才是真正的神射手啊！」趕緊向紀昌行禮。

回到邯鄲後，紀昌從未在他人面前表演箭術，但關於紀昌射箭如此厲害的傳言甚囂，一度和后羿相提並論。

紀昌在峨眉山上的九年究竟跟甘蠅學了什麼？《不射之射》這部電影沒有談，但結合多年的教育思考以及教學實踐，我發現任何一個能自我覺知的人都做到以下六點：

- 把心放在肚子裡而非嘴邊，雙腳扎根於大地。
- 看見自己，也看見別人，知道自己跟別人是一樣的，又是不一樣的。
- 讓自己張開雙臂去擁抱整個世界。
- 從當下經歷的每一件事上看到積極的元素，並選擇積極的態度。
- 讓自己卑微，按部就班的去做簡單而具體的事。
- 能讓自己嚴肅去面對任何事，並保持赤子之心。

第四章

家長筆記——如何幫孩子提高學習興趣

1 學習時惦記娛樂，娛樂時又良心不安

每到長假，例如寒暑假，我會不斷的強調四個字：彎道超車。是的，有心的學生一定不會閒著，他們很忙、很充實，就像一支蠟燭，外表很安靜的燃燒，內在卻忙著發生化學反應，發光發熱。

但我想問各位學生一個問題，那就是：你有彎道超車的意識，有要去學習的強烈願望，但你擁有學習的心境嗎？

很多學生不懂什麼是學習的心境。他們看上去忙忙碌碌，但一無所獲。因為內心不安，**學習時惦記著娛樂，娛樂時又良心不安**，即便他們坐在那裡，也既沒安神，又無靜心，人是不動，但感覺每一根神經都在跳動。

任何一位媽媽看一眼都明白，孩子沒學進去。可是究竟為什麼沒有學進去，

卻不太明白，只能急切的怒吼。

那麼，究竟何為學習的心境？我在此借助一首小詩說明：學習只是一種生活方式／沒那麼嚴肅，也沒那麼凝重／只須找一個角落／些許寧靜，些許舒適／安頓好我們的肉身／帶上我們的心靈／開啟一場愉悅的靈魂之旅。

一個少年，端坐在書桌前，態度認真，身體卻很放鬆，泰然自若的沉浸在知識的海洋中，暢遊著，時而皺起眉頭，時而微微笑著。窗外的光陰一點點走過，天色漸漸暗下去，直到整個屋子都被夜色包裹，他才抬起頭，看一眼窗外，笑著搖搖頭，彷彿在自嘲：怎麼這麼專注，忘了時間流逝？那麼，究竟怎麼做才能擁有學習的心境？兩點建議送給大家：

第一，一段時間，只做一件事。

講一個小故事：我同事的學生中有一位女學生，參加我們的講座已經一年多了，原本某天回訪是要和媽媽商量，怎麼讓孩子的心理和學習狀態更上一層樓。結果，同事卻被孩子的媽媽「吸引」。

這位媽媽之前做管理工作，講效率、講結果，很能幹，但因為家裡有八十六歲的老人需要照顧，女兒又恰逢青春期，她只好放棄工作，回歸家庭，導致再無升職的機會。

剛開始時，她內心很怨憤，覺得自己為了家庭犧牲這麼多，為什麼看不到收穫？她糾結焦慮，心神不寧，往往一點小事就會發火。

後來一次偶然的機會，她開始關注我分享的文章，一篇篇文章讀下來，一堂堂講座聽下來，她豁然開朗：既來之，則安之。接下來，在家裡的這四年，成為她生命中最美好的時光，她開始從小我的偏執走出，融入大我。

她說，以前自己看書、學畫，都是做樣子給孩子看，認為「我學了，妳也應該學」。可是現在，當她在寫字、畫畫時，孩子跟她講話，她卻像聽不見一樣，甚至會告訴孩子：「我的靈感正源源不斷，不要打斷我。」孩子很好奇，追問她是什麼感受。在這種追問中，孩子也開始感受到學習、探究事物的樂趣。

她說，以前脾氣急，現在卻變了，不論看書、學習，還是跟孩子相處，都是氣沉丹田。

再舉個例子，很多家庭主婦都被各種家庭瑣事困擾，因此傷神，但我的妻子趙老師是個例外。整整六年時間，趙老師一個人帶著兩個小男孩，一邊思考，一邊學習，一邊寫作，一邊分享教育知識。

我每天出門工作，趙老師在家顧小孩，洗漱整理，無論怎麼艱難、不順遂，我們都會想辦法，不會為此糾結、分心、傷神。她說：「我是一個主婦，這裡就是我的戰場。」這幾年陪伴孩子的時光教會了她很多，讓她真正理解到，什麼叫「把一件事做到極致」。

不只是母親，父親也是如此。怎麼做才能帶好孩子，當一個好家長？不僅要教好孩子，更要參與到孩子的生命中，和他一起成長。做父母的，一定要擁有成熟的心性。這指你是否肯卑微，**去做簡單而具體的事**。

二〇一七年底，我們還有實體課，一位陪同的媽媽引起了我的注意，她總是焦慮不安，走來走去。

後來看到孩子的變化，她也深受觸動，反思：「我錯了，我每天焦慮，這種焦慮像病毒一樣傳給兒子。例如他在學數學，不一會兒，我就衝過去說：『你也該趕緊學英文，英文單字也得背，不能顧此失彼。』過一會兒他學英文，我又衝過去說：『你數學沒學多久，怎麼就學英文了，一點都不專注。』我兒子說：『媽媽，妳到底希望我怎麼做？』兒子玩遊戲，我從他背後走過，什麼話都沒說，他就會默默把手機關掉。可是，他坐在書桌前，又學不進去，惦記著手機。我老公罵我：『妳看看，妳把孩子都搞成什麼樣子了？』」

是的，心神不寧的媽媽，帶出了心神不寧的兒子。**因為想抓住更多的東西，最終什麼都抓不住**。看似做了很多，看似永遠在學習，但永遠都沒有進步。

古語講：「既來之，則安之。」同一時間只做一件事，才能擁有一個恬靜的學習心境。

第二個建議，既要記得遠方，也要懂得珍惜當下。

以前一位高三的男生打電話給我，他焦慮的問我：「老師，我的學習效率還是太低，怎麼樣才能一上午複習三門課？」我反問他：「為什麼要一上午學三門課？為什麼不能一上午只學一門課？」一上午只解決一門課，才有充分的時間由入門到最後把握核心，剛有點感覺就換一門課，何時才能把一門課學通學透？

其實，這個孩子應該知道正確的做法。可是，為什麼他今天忘了？因為，對結果的執著讓他急於求成，心態浮躁，而忘記了成功的規律：飯要一口一口吃，路要一步一步走。再遠的路，再堅定的目標，也是經由過程來實現；把握住當下的每一個瞬間，做好應做的事，持之以恆，總會走到終點。

最關鍵的是：**對目標最好的堅守，其實是學會全身心的享受過程**。因為，目標本身沒有什麼意義，而過程，才最值得我們珍視。考上頂尖大學，高興是一瞬間的，而最讓我們回味無窮、畢生難忘的，是為理想中的大學奮鬥的過程。

人生並非一個又一個結果，畢竟這也太乏味無趣了。人生是一段旅程，你知道你要去哪裡，這很重要，但又沒那麼要緊。最要緊的是，這段旅途中，窗外的清風、一路的顛簸和汗水、內心的歡騰曲折、所見所聞、所思所想……一瞬，也是永恆。

最後，我想對孩子說，沉浸在此刻，享受此刻，你就是在活著，而不是考上了大學或功成名就了才算活著。那樣的話，人生也許只是幾個短暫的片段。

2 管好學習，先從管好情緒開始

有句話，我和我妻子時常掛在嘴上，用來警醒自己。因為見人越多，閱事越多，越覺得這句話如金玉般寶貴。這句話就是：「一念之差誤終身！」雖然聽起來簡單，但我想凡是上點年紀的人，如果對自己夠誠實，回顧這幾十年的時光，也許會百感交集的講一句：「這句話真對……。」

人生其實很短暫，沒有那麼多空間和餘地來容納你的諸多錯誤。往往是一個小小的念頭，似乎錯了一點點，差了一點點，結果人生就一步錯，步步錯，最後耽誤了好多年。可是，這「誤終身」又是怎麼產生的？

我想，除了偏見、狹隘與無知之外，還有一個很重要的原因，那就是：**情緒化**。我們面對自己人生和外界的方式通常有三種：第一，情緒主導；第二，利害主導；第三，信仰主導。

情緒主導的人，面對自己的人生或外界時，他根據瞬息萬變的情緒下決定：高興、憤怒、痛苦、消沉、恐懼、擔憂、逃避、衝動……人生被情緒綁架，成為情緒控制下無力反抗的一具肉身。情緒指到哪裡，行動就跟到哪裡，命運就流向哪裡。一旦情緒失控，命運也就失控，於是出現很多可悲可嘆，甚至當事人追悔莫及的悲劇人生。

由利害主導的人，就會多一點理智。他們會分析，什麼情況對我有利，什麼情況對我有害。利害主導情緒，有利就開心，有害就厭棄。

信仰主導的人，有一套自己在理性上追求的標準、原則和信條。符合他的人生信條的就去做，哪怕與自身利益不和；不符合自己人生信條的，就不去做，哪怕利益再大。

無奈，大多數人的人生在情緒和利害中掙扎，尤其被情緒綁架，最終在莫可名狀的情緒中，生出一個莫須有的念頭，進而毀掉自己的一生。說了這麼多，我想表達的是，**對父母來說，最重要的是教會孩子情緒管理。**

被理性駕馭是成熟的標誌

之前我接過一通電話，了解到一個孩子的故事：父親常年有外遇，母親苦苦哀求，求孩子爸爸能回歸家庭。最後，竟然在朋友的見證下，雙方達成協議，孩子在十八歲前，父親可在外面隨便交友，但不能離婚。

父母用自己以為好的方式為孩子提供保護，但孩子在成年人的虛偽中，受到了莫大的傷害。於是才十五歲的孩子開始抽菸、喝酒，泡酒吧，和壞朋友來往。她恨薄情的父親，更恨無能懦弱的母親，因此她以破罐破摔的姿態來報復父母。這是情緒化的極致。

也許再過十幾年，回首人生時她會感慨，為什麼一怒下以自己的人生為代價來報復父母，也太不值。

我還遇過一個案例。父母三觀頗正，從小對孩子管教也極嚴，孩子很優秀，國三時雖然成績稍稍下滑，但仍然考上了一所明星高中。高一的學習繁重，競爭更殘酷。以前國中階段的資優生聚在一個班裡，面對面競爭，在這種環境中，她極大的不適。

她媽媽告訴我，課堂上孩子只要看到同學寫字，她就會手心出汗，抖到無法握筆，常半個小時不能恢復；老師提問時，她看到班裡其他同學一同舉手，她的精神一下子就垮了，心神不能凝聚，聽不進老師說的話。

她極愛惜形象，不單是學習上的形象、道德上的形象，還有外在的形象，可是，她自身相貌普通。以前因為成績好，還可聊以自慰。然而現在，成績不斷下滑，她每天進教室時，都芒刺在背，彷彿有無數雙眼睛在看著自己並說：「某某同學，這麼笨，這麼醜，哈哈哈……。」

其實這不是個案，很多女孩子，尤其高中女孩都有這種情緒；而很多男孩，內向、敏感，自尊心太強，家教過嚴，或背負家庭期待過高，也都深受這種情緒困擾。

他們的問題就出在深陷困境時，被刺激都是情緒，而不是理性。

在孩子的成長中，必須完成一些大的轉變，其中第一大轉變就是：思想從幼稚轉向成熟。**被情緒駕馭是幼稚的標誌，被理性駕馭是成熟的標誌。**用情緒駕馭自我，和用理性駕馭自我，有著天壤之別。

遇到自己不喜歡的老師，或是遇到一個不喜歡自己的老師，就一怒之下不學

習，這叫被情緒駕馭；因為父母打罵自己，或父母做了過分的事，就一氣之下強烈頂撞父母，或為了息事寧人，壓抑自己，順從父母，這叫被情緒駕馭。

有的孩子，當他的善意、智慧、抉擇被父母粗暴否定時，他放下情緒，告訴自己：「沒有關係，讓我用事實向你們證明，讓我用時間來讓你們放心。」然後他低下頭，堅定的做事，用行動和結果來獲得別人的信任。這就叫做理性。

這樣的理性，得出來的是：正念。念正，人正；人正，身正；身正，行正；行正，走得就直；走得直，路就越走越寬，越走越長。人生，就會越來越光明。

否則就是：念不正，人不正；人不正，身不正；身不正，行不正；行不正，就會走偏；走得偏，路就越走越窄，越走越短，人生，就會越來越灰暗。這就是一念之差誤終身。

3 孩子情緒化，問題多半在父母

「為什麼那些理性、成熟的孩子，都是別人家的孩子？我的孩子，就如此情緒化？」我給你三個答案。

第一個答案：情緒化引發情緒化。

恕我直言，很多父母就是沒有長大的孩子，被情緒纏身，像前文中婚姻出現問題的父母。說實話，婚姻失敗不是什麼大問題，離婚也不是什麼大問題，但怎麼處理是一個大問題。

父親出軌本質上是一個中年男性的搖擺和自私，媽媽不願意離婚，本質上是一個久居室內的中年婦女對人生的恐懼。

注意，這裡都是情緒，一種不自覺的情緒。情緒化的父母用情緒化的方式，來面對自己的婚姻。於是，**孩子也用情緒化的方式來報復自己的父母**。父母當中只要有一個人冷靜成熟的看待婚姻，並且堅守立場，這個問題就可得到更理想的解決方案。而孩子看到的，也會是獨立、理性、有擔當的成年人。

情緒化，引發的必然是成績下滑，導致罵、打、嘮叨、逼迫、不允許吃飯、不允許外出、摔手機、砸電視、痛哭流涕的指責、抱怨、口不擇言的謾罵……父母在家庭中教會孩子的是情緒化處理問題的方式。孩子看到的是情緒，學會的也只能是情緒。

第二個答案：規矩過度，引發情緒化。

無規矩，不成方圓。但規矩過度會適得其反。

這種傷害對孩子而言，就是面對環境與自我之間的矛盾時，不知道除了情緒上的壓抑，還有其他解決問題的辦法。過度立規矩的父母，通常要面子，迎合了外界，就會壓抑內心，內心壓抑過度，就會喪失精神上的自由意志。由此而產生的，就是如毒氣一般的情緒。想迎合外界，保全面子，遵守規矩，可是又無法放下自我，於是，外界與自我之間的撕扯，就成了痛苦、憤怒、壓抑和狂躁。

父母一定要記住：**規矩之外，是空間**。規矩很重要，空間也很重要。就像中國傳統繪畫的留白，也是藝術的一部分。

第三個答案：父母引發孩子情緒化。

父母常怪孩子不獨立。其實，真正離不開孩子的恰恰是父母。

很多單親家庭或父母關係不和的家庭中，孩子被動成為一方或雙方情感寄託的對象，進而成為父母精神上的依賴和支撐。「寶寶，你是不是跟你爸一樣也不要我了？」、「媽媽離不開你，只要你好好的，我就高興，我這一輩子就靠你了。」、「你要是這樣，我以後可怎麼辦呀？」原本應是父母給孩子提供精神支撐，卻變成孩子要承載父母的情緒，要對他們負責任。

出於對父母的愛，他們要努力承擔；但礙於年幼，他們又無法負擔。重負下，必有情緒。在多年的家庭諮詢中，我見證了很多孩子的成長。我最大的感觸就是，每一個孩子都是好孩子，品行端正，熱愛生活，善良、積極、上進、聰明，可是，無論是成績排名低的孩子，還是明星高中的學霸，在成長的過程中，都缺了一課——情緒管理。而這一課的根源，在家庭中，在父母身上。

孩子看到情緒化，就學會情緒化；孩子看到利害，就學會利害；孩子看到信仰、理性、成熟、擔當，學會的就是信仰、理性、成熟、擔當。

父母最要緊的是要教會孩子這件事，不要總盯著孩子的成績和分數，只要你教會他管理情緒，孩子的分數自然會提高。

4 如何處理孩子叛逆？腐蝕他而非否定

孩子在十二至十五歲之間，最典型的表現是：半睡半醒。在這種半睡半醒的狀態下，又會呈現出：又臭又硬。所謂臭，指的是他的脾氣；所謂硬，指的是他很堅持自己的想法。

你去看看自家的孩子是不是情緒波動比較大，可能一言不合臉就變了，一言不合就開始發脾氣。還有就是，你想讓他幹什麼，他就是不幹，非要按照自己的方式往前走。有的家長問我：「我想引導我家的國中生，我該怎麼辦？」

如果你也有類似的困惑，我送給你兩句話：第一句話，你要學會感化他。第二句話，你要學會去腐蝕他。

感化他是什麼意思？他處於半睡半醒的狀態，去面對整個世界時，會缺乏一種安全感。外面稍微有一點動靜，內心就感到緊張，不知所措。這時，他就會產生情緒，用脾氣掩飾心中的無助和不安。

所以，在面對國中生時，家長要學會用愛去感化他，讓他感受到他能從你那裡獲得溫暖。不妨常去擁抱他，給他足夠的關懷和愛護。擁抱的本質是跟孩子進行肢體上的接觸，身近而心近。適當的保持身體上的親密感，多擁抱，輕輕撫摸他的頭，和孩子進行一些能展現親密感的互動。

當你能順利的跟孩子交朋友，甚至有一起瘋的狀態，你就會發現，孩子的情緒慢慢的平和下來，就很容易走進他的心裡，並為下一步「腐蝕他」做好準備。

什麼叫「腐蝕他」？意思就是慢慢的改變孩子的主意。記住，不要明顯的反駁他的主意，而是要暗中影響。

5 愛，不是占有，也不是代勞

電視劇《大秦帝國之裂變》提到，秦孝公苦惱於秦國人才稀少，國強民富遙遙無期。下屬安慰他說：「求賢令已起作用，不是已來了很多人才嗎？」秦孝公氣憤的講：「什麼人才！都是小才，若無大才提綱挈領，要這些小才有何用？」提綱挈領？真是好論斷！不愧是拉開秦國強大序幕的一代英主，一語中的。

撫養一個孩子長大的過程中，也有許許多多的重點，常顧此失彼。那究竟哪一件事，才是那件提綱挈領的大事？

思來想去，就一個字：愛。兩個字：會愛。八個字：享受愛孩子的過程。很多父母說，哪家父母不愛孩子，我們都愛過頭了，每天吃飯，肉堆他碗裡；買了昂貴的鮭魚，我們都不動筷子，讓他趕快吃；吃的要有機，自己能將就就將就，這還不夠愛嗎？還要怎麼才叫愛？

其實，我從來不懷疑父母愛孩子的誠意，但我要講的不是愛的深淺，而是愛的覺悟。愛也要講覺悟，愛也要講方法，愛也要講境界。否則，錯誤的愛，給了還不如不給，給了也會害了孩子。

那究竟要怎麼愛孩子？我說三點：

第一件事：愛他而不占有他。

在大多數父母的眼中，愛等於占有。因為愛，所以占有他；因為占有了他，所以更愛。愛來愛去，占有來占有去，我們跟孩子這兩棵樹，底下的根早已連在一起，上面的枝葉也糾纏在一起。長在一起，但一小方水土只能養一個人。陽光、雨露、春風，本來供給一個人，現在兩人共用，必然有一個人匱乏。孩子跟父母之間如果形成「共生」關係，也必然有一方要犧牲。

大多數時候，犧牲的是孩子。因為，意志精神更為強悍的都是父母。孩子年幼，精神弱，仰賴父母扶養，哪怕爭論，有時都戰不過父母。父母要你幹啥就必須幹啥，你不聽話，你就是不孝、叛逆。就像交了作業，如果不唯父母的意志是從，上面批的就都是叉，這份愛，已成綁架了。

占有的後遺症是什麼？就是情緒化。很多父母怪孩子動不動就耍性子、情緒化。知道孩子為什麼這樣嗎？

第一，講道理講不過父母。再是真理的道理，聽在父母耳裡，統統不管用，就剩下強權了。第二，窒息。空間太窄，伸展不得，就像一大家子住在一個窄屋裡，摩肩接踵，言語相擾，誰不惱火？

所以，你若愛孩子，就讓他鬆一口氣。讓他跟你在一起，感到舒服、自在，想說就說，想靜就靜，這時他會想一些真正要緊的事，就不會被逼到腦袋昏昏，想找手機消磨時光。

第二件事，愛不是代勞。

很多父母單身時，其實也是一個懶散青年，揮霍時光，忽然有一天生養了孩子，就變為模範勞動者，看不得孩子親力親為。孩子掃個地，「走開，我來」；孩子洗個碗，「走開，我來」；孩子洗一雙襪子，「走開，我來」。**一則，要孩子把時間都放在學習上；二則，擔心孩子做不好，怕孩子太累。然而這些工作，你一旦沾手，一輩子就都放不下來了。殊不知，這樣做是害了孩子**。

我常說：「何為心，心不是一塊血肉，凡知覺處皆是心。」凡知覺處，就是你目之所及，手之所觸，足之所行，身體力行處，皆有知覺，皆有心在。現在很多孩子為什麼寫文章沒感情，學物理、化學入不了門？因為生活經驗太少了。長到十二歲，連水都沒自己燒開過，連包泡麵都沒有自己泡過。酸甜苦辣，一無所知，怎麼知心酸，怎麼知感恩，連常識都沒有，怎麼理解概念？一切學問，都源自生活。就像《紅樓夢》：「世事洞明皆學問，人情練達即文章。」

愛不是代勞，是放他去體驗。無論是春風細雨，還是凜冽寒風、風刀霜劍，人生的滋味，就在五味雜陳之處。該受的苦，讓他去受，受了，他就懂珍惜了；該做的事，讓他去做，做了，他就懂得處事了；該耐的勞，讓他去忍耐，耐了，他的人性就扎實了；該受的委屈，有時候也真得受，受了，他就有了寬度、有了厚度、有了張弛，胸襟就博大了。

有人說，我不要我的孩子做人上人，他只要幸福就好。但你更須知道，平凡人受的是平凡的苦，這瑣碎繁雜的庸常，經常像稻草一根一根壓上來，也很熬人的意志，吃不了這些苦，你連平凡人都沒得做。所以，真愛孩子，有時候就得狠下心來，看他受苦。

父母不是上帝，能替孩子代勞一切，能替他定制一個世界，幫他打理得舒服安逸，在做這些之前，父母要問問自己：你是在養寵物，還是在養孩子？你又能保護他到何時？讓這兩個問題，幫你醒醒腦。

第三件事，愛不是犧牲，而是雙贏。

很多父母愛孩子是真愛，但，愛的形式是什麼？孩子在做作業，自己想看手機，狠下心克制住；孩子拉你聊天，自己覺得無聊，只好一邊做飯一邊應付；孩子想跟你玩，你敷衍幾下，恨不能躲一邊跟鄰居聊天。這愛的形式，看起來似乎在受刑。很多父母稱為犧牲，但，愛是犧牲嗎？

相愛的情侶，每時每刻都想在一起，傻傻的話講上一天都不厭煩。哪天對方呼一口氣都厭煩，愛就消散了；哪天跟對方談話都得鼓足勇氣，感覺疲憊，愛就枯竭了。所以，愛一定是甜蜜的，讓彼此都如沐春風。愛是給予，也是收穫。但在很多父母眼裡，愛就是給予，甚至是犧牲，而絕不是一起享受好時光。

很多父母問：「**為什麼我的孩子老搗亂，不學習，難管教？**」因為他感覺不到你的愛，所以他搗亂，來驗證一下你的愛。

就像他還是小寶寶時，會藉由哭鬧吸引父母。我們要走過去，看看他是不是餓了，是不是尿了……如果都沒有，就愛意滿滿的抱抱他，給他充足的安全感。

給孩子滿滿的愛，家長也會享受其中。每天，我和妻子工作繁雜，渾身疲憊，但只要回家看到兩個兒子，再煩心的事都會煙消雲散。

所以，不要強迫自己為孩子犧牲。關係想長久，都要一起享受整個過程。

哪天你覺得自己委屈，覺得為了孩子犧牲、付出，趕緊停下來，問問自己為何不舒服？不要做怨婦，一邊自我感動，一邊又埋怨。一定要很開心、很享受，愛才能圓圓滿滿，流到孩子心裡。有了這樣的愛做土壤，自律、上進、好學，都會如莊稼一般長大。你說，這是不是家庭教育中，「提綱挈領」的一件要緊的事？

6 他在講，你要聽

常看到一些父母似乎不怎麼費力，孩子就很優秀。但有些父母使盡了渾身力氣，一哭二鬧三上吊，都無法教育好孩子，究竟是為什麼？因為，**方向永遠比努力重要。**

就像假設要從山西到北京，卻不停的往西走，能到得了嗎？能力越強，工具越先進，但方向反了，越到不了目標。

我曾說過一句話：「聽話的孩子，不需要思考。」我們不妨問問自己，是希望孩子「聽話」，還是希望孩子愛思考？大部分家長會選擇後者，但他們在實際操作過程中，卻走向了前者。那麼，父母如何引導孩子思考？其實並不難，只要在家裡做三個小小的改變，就可達到目標。

一、啥都不用幹，就是容得下

遇事有主見的孩子，身上都帶刺（當然，刺扎人的程度取決於他的修養），換句話說：他不是那麼好擺布。因為，凡事他都會問「為什麼」——為什麼鄰居老爺爺為老不尊，總亂丟垃圾，亂罵人，你非要我見了他禮貌的打招呼；為什麼小孩一定要聽大人的話，大人也會講錯，孩子也有對的時候；白天學的東西我都掌握了，為什麼還非要做作業？為什麼非要努力學習爭第一，做一個普通人，難道就不可以嗎？你看，小腦袋一啟動，如果他不是你的小孩，平心而論，你是不是也覺得他的想法有些道理？

世上之人，熙熙攘攘；世上之事，紛繁複雜。都不是用一個簡單的道理就可講通，而是要結合背景、事實反覆思考，有些道理用在這件事上是對的，用在另外一件事上就是大錯特錯。

不用說普通的父母，即便是再有智慧的人，也不敢說自己全知全能。尤其是對於沒有親身參與、親眼所見或未曾深入思考過的問題，更是如此。知道自己不知道，就是智慧的表現。

所以，父母在家要做的第一件事，即是**放棄左右孩子想法的念頭**，相反的，我們要允許他不聽話，甚至允許孩子有「奇怪」的想法，因為，真正的明事理，就是從這裡開始的。

這叫**從混亂中找出方向**。就好比要寫一篇文章，一定是從混亂走向清晰的過程。第一步：我有一個想法，還不太清晰，但沒有關係，我一點一點慢慢的想，漸漸就知道了：「我要寫一篇如何讓孩子變得更聰明、更有主見的文章。」第二步：基於這個想法，我開始安排文章結構，寫草稿，為什麼叫做草稿？因為亂、雜，但沒有前面的潦草，就沒有後面的規整；第三步：草稿寫好後放兩個小時，先忙別的事，然後再一點一點修整，也許一篇文章修改兩到三遍，就像在田裡幹活，拔雜草，留下真正有用的小苗，澆灌它，讓它開始現出清晰的面目。

有經驗的寫作者知道：無論草稿多凌亂，都無須絕望，因為經過反覆修整，它常會呈現出讓你驚嘆的美。容忍不了混亂，就無法走向清晰。

孩子不會一開始就能有成熟的想法，他的想法也是一點一點走向成熟，就像成年人一定都有那麼一刻，想起十年前的自己、天真爛漫時的自己，居然會有那樣的想法，然後，對自己當初的幼稚和狹隘，發出嘲弄又善意的笑聲：「當初我還太小，對人生還一知半解……。」

所以，我們要容得下孩子的不同，容得下他的稚嫩、偏激、斷章取義。容得下了，在思想上他就是自由的，就有了開始的可能性。對孩子異於我們的看法，持開放的態度，不用急於糾錯，他自然會發展。也許前一天他回家還向你抱怨老師，過了不到一週，他反而心有感慨的說：「新老師似乎也不是那麼令人討厭。」

二、啥也不用幹，就是學會傾聽

費曼是全世界頂級的物理學家和數學家，他曾提出「費曼學習法」。他說，想高效率學習，首先要選擇你想理解的概念；其次，假設你站在講臺前，你正要向別人傳授這個概念，也就是說，自己懂了後，還要能講給別人聽。如果你不能用最簡單的幾句話來表達，這就說明你對知識的要點還沒有徹底了解。如果做不到，請返回上一步。這個學習法非常容易操作，也特別實用。

我要以這個論點來反觀一個孩子思考能力的發展，你會發現，費曼學習法的基本其實是：假設你要講給別人聽。單這一個流程，對你在思維上、表達方式上的考驗，就足夠逼你發展出自己的能力。這是什麼意思？

講了一堂課，對老師的考驗或老師自己學到的，遠遠比孩子學到的多。講的人比單聽的人收穫會更大，因為講是主動做事，要調動自己全部的體力、精力、經驗和智力；而聽，常是被動的。那麼想讓孩子懂事，變得越來越有條理，越來越有思路，在家裡，應該是你講的多，還是他講的多？**他要講，你要聽！**

每一個孩子一天下來，身體裡儲滿了各種各樣的情緒、感受、想法，這些東西混雜在一起，就像未收拾的儲物櫃，而不經整理的思緒，都無法昇華為有條理的思考。

所以，**傾聽就是提供孩子一個機會**，讓他在講的過程中，不自覺的整合、梳理自己的想法，進而提煉。這是一件看上去簡單，但實際上很複雜的工作。孩子不被傾聽，會壓抑情緒，壓制思考。久而久之，就會像一潭死水一般，失去活力和對思考的激情。常被傾聽的孩子，得到的是：

- 自信、自尊。「我媽覺得我很棒，我的每一個想法她都認真的聽。」
- 清爽的精神。因為負面情緒都宣洩而出，自然會神清氣爽。
- 越來越清晰的思考。一邊講一邊思考，不斷升級。
- 越來越強的語言能力。有條理、有活力的語言能力是不斷講出來的。

總之，**和孩子溝通的最簡單方法是，安靜的聽孩子說。**

三、無分別心，像一個孩子一般和自己的孩子去探尋答案

前兩步走完，第三步的境界就更高了。不要當自己是孩子的父母，而是他的夥伴。雖然父母成年了，但這個世界這麼大，不是每一個問題都知道答案，知道的答案也不一定都是對的。

所以，父母不要擺大人的架子，覺得大人一定得教導小孩，立場應是：我們都是無知的人（只不過父母稍微多一點點經驗而已）。

假設孩子提出一個問題：「我最好的朋友居然騙了我，我還要不要理他？」這是一個複雜的問題，小孩子的人際關係裡，包含了未來成年後與這個世界交往互動的原則、智慧和方法，是對思辨能力的一大考驗。

父母擁有的工具是哪些？

首先：問答。不直接給你我已有的結論，而是透過不斷提問，和你一起更深入的思考。例如：他為什麼騙你？他是有什麼苦衷嗎？你覺得這是一個什麼性質的問題？是人品的問題，還是他的性格所致，還是其他。

其次：討論。父母可把自己的想法拿出來，孩子也把自己的想法拿出來，討論彼此的觀點，最後的結論是一起得出來的。

最後：我們還要帶著孩子一起追問。是不是還有更好的思考方法？我們還可去求助。因為在我們之外，還有很多優秀的人也思考過類似的問題。書籍、網路、講座都是我們的工具，看看別人怎麼分析這個問題。

一個生活中不常見的問題，我們可圍繞它做這麼多工作。習慣成自然，孩子再遇到問題時，就會冷靜很多，因為理性的思考已自動啟動。有了大量的重複性思維探究，假以時日，孩子是不是會越來越聰明、越來越懂事？即便將來進入社會，遇到再複雜的事，他都可應付自如。

我常說，人對了，學習就對了；學習對了，分數就對了。當一個孩子面對問題，學會分析和思考，探究表面現象下面的本質時，他學習語文、數學、歷史，是不是就遊刃有餘了？

大家都說寫作文難，其實，作文難，從來不是難在遣詞造句，首先是立意想法。你都沒有觀點，沒有分析問題的能力，自然不會有深度思考和屬於自己的立場，文字再美，也是空洞無物而已。

人如其文，魅力源自內在性格，而性格源自思想，對事對人都擁有自己成熟、獨特判斷的人，才能遊刃有餘的駕馭自己人生的小舟，駛向美好的未來。

⑦ 你急功近利，孩子就會投機取巧

從教十幾年來，我常會聽到這幾個問題：「我們家孩子英文總學不好，是不是記憶力有問題？」、「我的孩子記憶力很不好，今天背了的東西，到了明天，他就又忘了。」、「我的孩子今天錯了的題，改好了，下次再做，還是錯的，怎麼回事？」這幾個問題的本質其實是一樣的，都隱含了同一種心理：**總希望問題能一口氣解決掉**。

學習態度、學習方法、解題能力、背單字、背課文……最好一次全解決。但這是你的期待，而現實往往相反，你的心越急切，成效越不如你所願。

在這個世界上，一個人無論做什麼事，只想有所成就，就必須遵循一個共同的規律。**這個規律就是：多來幾遍**。

記不住單字不是記憶力有問題，而是重複背誦的次數不夠多；寫題目今天錯了，明天又錯，不是因為記性不好，而是因為知識的核心沒有把握到位。為什麼沒有把握到位？因為重複記的次數不夠多。正如古人所講，熟讀唐詩三百首，不會作詩也會吟。我們總過於迷信技巧、捷徑、靈感，而忽略了經年累月的累積。我們總幻想有一種方法，能一次性到位，因為我們害怕麻煩。但無論是做事，還是學習，想學有所得，需要的就是多來幾遍，一直重複。

知名導演李安拍了一輩子的電影，才能對電影藝術的表達越來越遊刃有餘，拍了一、兩部電影就幻想自己成為大師，那是痴人說夢。即便是人稱天才的畢卡索，畫一幅牛的畫，也畫了好幾遍才滿意。我們不是天才，可是我們卻寄希望於一次就畫好。看到畢卡索，我們難道不羞愧嗎？

我從事教育工作近二十年，從上師範大學的第一天起，就把注意力聚焦在教育上。現在我四十歲，能透過和孩子、家長的對話，把孩子的性格、思維方式、行為特徵、學習問題分析出來，並預測孩子未來幾年的學習發展、人生走向。

有家長問我：「李老師，你怎麼這麼厲害，怎麼對孩子了解得如此深刻？」

其實背後的原因極其簡單：這二十年的時間裡，每時每刻我都在揣摩教育，研究學生。即便假日我在外面逛街，都會仔細研究身邊遇到的每一個孩子、成年人的行為，推測他身邊的環境，就像一個痴迷手藝的工匠，不斷打磨自己的教育認知。

那些所謂的天才，是這個世界上做事最不惜力的一群人。因為捨得花力氣，肯在最簡單乏味的事上傾注大量的時間、心力，所以能成為我們永遠也不可企及的高手。這種不惜力的狀態，換一個詞，我們可形容為：磨。

如果一個孩子以這種心境來對待學習，我想，他的記憶力一定會越來越好。耐力不夠，錯怪記憶力，這是怪錯了地方。

今天的慢，是為了以後的快

而且要知道：背了越多單字，背單字的速度就會越來越快。**先慢後快，今天的慢，是為了以後的快**。

根本原因是，記得越多，對單字的敏感度就越高，再記憶一個新單字的速度就越快。就像我的妻子熱愛文學，每天寫作，常閱讀，揣摩要怎麼表述才能讓句子更清晰，且遇到好的句子會抄在筆記本裡、放在腦子裡反覆品味，思考它是怎麼寫的，為什麼一針見血……所以，好的詩句、段落，她往往看一遍就記住了。

是她的記憶力好嗎？不是，她讀得多，寫得多，琢磨得多，對文字就敏感；但她在背英文單字或數學公式時就沒這麼快，因為做得少，所以敏感度不夠，記憶的效率就低。

進一步說，如果父母能看淡一時的得失，用耐心來面對孩子的成長，可能你希望這個孩子二十幾歲時成熟，但可能他十二歲時，就已表現出超越同齡人的成熟。所以，**做事不要急功近利**，當事情沒有做好時，問自己：我付出得夠嗎？

如果做好一件事，需要付出一百分的力量，你毫不吝嗇的給了兩百、三百分，那麼一定有人講，你是天才；而大多數人，付出二十、三十分時，往往就止步。

還有一個關鍵是，如果今天背了十個單字，明天又忘了，那麼今天背的這十個單字是不是無意義？這個問題就相當於：我吃了一個饅頭沒有飽，兩個饅頭沒有飽，吃第三個饅頭飽了。我想，明眼人都看出來了，沒有前面兩個饅頭，吃第三個饅頭就不可能飽。

如果單字背過又忘，再記住的速度會比昨天用的時間少，但如果你從來沒有背過，你得付出和昨天一樣的努力才能記住它。**遺忘是正常的，但背過又忘和你從來沒有記住過，是兩回事。**

只要記住過，其實就已經在大腦深處留下痕跡，**只要簡單的一次喚醒就可以了**；而如果你從來沒有記住過，就須花費很大的力氣刻進去。

所以你做的一切，都不可能無意義。犯錯都有它的意義和價值，何況你曾經的付出？每一次的付出都有價值，但你不能期待一分汗水就有一分收穫。而且，每一次回報的意義是不一樣的，吃一個饅頭是墊底，吃兩個饅頭是發展，吃三個饅頭是成熟，就是飽了。

飯要一口一口吃，事要一點一點做。一個道理，往往要悟一生才能參透，我們不能強求孩子在七歲時就懂很多道理。如果孩子說什麼都懂，那一定是假懂。

例如《紅樓夢》讀一生，都未必能讀懂。但每讀一遍都有長進，這就是收穫。知識的學習和人的成長，是循序漸進、不斷參悟的過程。如果你希望吃一斤肉，就要長出一斤的力氣，讀一本書，就要長一本書的知識和智慧，那麼，你必然要絕望。我們要尊重客觀規律。不尊重客觀規律，現實就會教育你。有些父母被現實教育了，也沒有醒悟。

其實，父母只要知道，今天做的這件事對孩子有益，就可以去做。做了後，必然有它的價值和好處。有的好處，今天可能不夠明朗，也許明天就看到了。就像一顆種子，種下後雖然看不見它，其實它在默默醞釀，有一天就會破土而出，再長成一棵參天大樹。如果種下一顆種子，但沒有長出來，就想一想，是不是種得有點少了？種過莊稼的人都明白：撒種子時，要多撒點，不能期待每顆種子都長出苗。每一次付出，都有價值；每一條彎路，都有價值。

常聽到很多家長投訴孩子懶惰，投訴孩子不付出，投訴孩子存有僥倖心理，其實根在哪裡？根在當父母的這裡。父母的言行舉止中壓抑不住急功近利，捨不得下力氣、花時間，這些就像毒瘤一樣汙染孩子。所以，問題的解決還要從父母做起。不拿功利之心衡量每一次付出和回報，先有捨，才會有得。

最後，講一個小故事：我的妻子趙老師當年上國中時是一個學霸。其實每天上學她都最晚到，基本上會跟老師一起進校門，但到了學校，學習效率極高，課文背得好，單字記得永遠超出老師的預期。

為什麼她這麼厲害？因為她從小學起，每天五點起床就開始背誦，到進校門時，已把兩天後要背的東西都背得滾瓜爛熟。她的爸爸從來不督促她學習，不檢查她的作業，不教育她怎麼學數學、學英文，他只告訴她：笨鳥先飛！

還有，小聰明不成事，投機取巧更要不得。不要因為吃了一個饅頭，還餓，就說饅頭沒有用。

8 學習態度消沉的主因

在「學習態度」這四個字上，我們有太多的誤解。

舉幾個例子：

孩子在明星國中的一年級，排在班級前十名，突然有一天沒有做作業，媽媽憤怒：「做作業乃學生之天職，你今天居然沒有完成，那明天就不要去上學了，什麼時候完成，什麼時候再去！」孩子第二天果真不去了，而且在家裡怡然自得，一派逍遙。

媽媽本來要逼一下孩子，見此情形頓時心生焦慮，問我：「老師，這孩子到底是怎麼了？是不是學習態度出問題了？」

又如，一個小學四年級的孩子，考六十分，做事特別慢，偶爾做得比較快時，他會感覺很開心，特別願意去做。這時媽媽會說：「這個孩子，就是態度有問題，只要他好好學，他就會學得更好！」

有一個高一的孩子，他考上明星高中，能力和態度非常到位，可是高一後，成績開始下滑。媽媽就跟爸爸說，孩子學習態度有問題，他如果堅持下去，可能就學好了。

還有一個明星高中的高三學生，她從小就是乖乖女，家裡人把生活上的事都包辦了，她學習特別努力，也特別聽話，從未有過叛逆期，是大家眼中的好學生。結果，到了高三第一次模擬考時，她考了班裡的倒數第一，所以，她就不敢去學校。第二天早晨，媽媽跟她談了談，她好了一些，但到了中午時，又回歸原樣。媽媽問她：「妳說妳學習夠努力嗎？」她說：「我很努力呀，我覺得我是我們班最努力的，但考完試後，他們都考得特別好，我就考得特別差，我已經努力了，能怎麼辦？」

媽媽去問老師，老師卻說：「其實妳家孩子，算不上很努力。」然後，媽媽就說，看來還是態度有問題，她覺得自己努力了，其實做的根本還不夠。

每年大考前，常有很多父母打來電話，焦慮的求助：「馬上就要考試了，可孩子還是不疾不徐，一點也不著急，怎麼幫孩子解決學習態度的問題？」

我們都知道，學習最怕的是不求甚解。可是在教育上，很多從教者和為人父母者，每天都在做著不求甚解的教育工作。例如，一談到孩子的學習，用三句話就總結完：第一句，孩子學習態度不端正；第二句，孩子學習方法不正確；第三句，孩子基礎掌握不牢。這三句話，就像巨石一樣，阻擋進一步探索的腳步。

於是我們常看到，一個孩子從小學一年級開始，媽媽就說他學習態度不好，一直到大學招生考試前十天，**還在解決學習態度的問題**。

但如果我們肯往前再走一步，就會發現：學習態度的確很重要，正如我前文所說。但孩子的學習態度不會無緣無故的不好，背後總有一些更複雜的原因。當父母不再滿足於「學習態度」這個膚淺答案時，就迎來了看到真相的那一刻。

我開頭提到的案例中的第一個孩子，其實不做作業，他也很忐忑。有一天，他回家，躺在媽媽身邊，悶悶不樂的講：「媽媽，我就是覺得很煩，我也知道自己應該寫作業，可是我就是提不起勁，就想自由自在，你們也別說我⋯⋯。」

他為什麼煩？因為他進入青春期了，身邊的世界開始變得複雜，他能看到的比原來多，內心的困惑與迷茫開始浮現，他想去探索，渴望面對更大的不確定，但又有點膽怯、恐懼。而媽媽長期對他嚴格的要求和保守的家庭氛圍，讓他感覺這樣做是不對的，使得他糾結焦慮，在自我與服從之間，難以取捨。

所以，他不是態度有問題，而是精神不夠自由，思考不夠深入，是青春期孩子在思想上，常有的迷失與搖擺。

關於第二個案例的小學四年級的孩子，很簡單——就是「鈍」。他在思考上有點遲鈍，解決問題時，能力有點吃緊，自然顯得慢吞吞。就像《射雕英雄傳》裡的郭靖，他最初學武時，人人都指責他，七個師父，甚至自己的媽媽都怒其不爭，可是，他又何嘗不想學好？只是沒有能力，百般用心，也摸不著頭腦。怎麼辦？這樣的孩子在底層思維上，要幫他養心；在具體層面上，要訓練他的能力。所謂養心，就是境界的提升，讓他看到、聽到、感受到、體驗到、覺知到；所謂訓練，就是能力的提升，就像雕琢一塊璞玉一般，不惜力氣，耐得住煎熬，一點一點的雕琢他。

關於第三個案例的高一男孩，嚴格來講，這個孩子不是能力或態度問題，而是父母很功利，功利不怕，怕的是還沒有邏輯，沒有定力，很短視，急於求成，十幾年的薰染，孩子深受影響，又一向優秀慣了，放不下身段，氣急敗壞，結果坐不安席，上學惶惶不可終日，做任何事都先問，能提分嗎？能提分我就做，不能提分就不做。結果，越急分數越上不去，分數越上不去就越急。試問，這樣的孩子，你能指望他在學業上、未來的事業上走多遠？

再說說第四個案例的高三女生。她從來沒有在真實的生活中歷練過，所以體驗太過單薄蒼白，才會唯我獨尊，覺得自己很努力、很拚命、很委屈。只能說：「活得太窄，做事太虛，思考太淺。」

至於大考迫在眉睫，卻一派悠閒的孩子，你問問成績，分數是不是不高？數學三、四十分，不是不想學，而是絕望。反正都考不上，我還費勁幹嗎？可是，心底其實想學好，可悔恨了，可一切都晚了……越悔恨，才越絕望；越絕望，就越玩世不恭。

還有，養成的懶散習性一時難改，越想學，就越懶散；越懶散，就越洩氣；越洩氣，就越不做事；越不做事，就越不開心；越不開心，就越放任。

我們把「學習態度」當作孩子學習不好的根源，但「學習態度」也只是一個結果，是很多因素造成的。影響學習態度的因素有很多：青春期到了，人生困惑迷茫；身邊環境的引誘，不良價值觀、人生態度的滲透；思維不良，學習能力欠缺；做事不到位，心性不定；活得太窄，做事太虛，思考太淺；絕望，看不到人生的希望；學習沒有成就感；懶散的習性，很難改；從來沒有品嘗過成功的滋味，認命了；家庭教育的簡單、粗暴、失職……**很多孩子學習態度消沉的背後，包含好幾個因素**。

父母不能僅滿足於「孩子，你們會了嗎」，而是要不斷的敲打他們：「你能不能自己來一遍？」、「你做得快不快？」最後，很快拿下來了，我還要逼問一句：「你爽不爽？」會不會，是中等生；快不快，是學霸；爽不爽，是學神。三個標準，三個層次，三大境界。

不這樣指點，孩子永遠不知道自己缺的是哪塊，跟學神、學霸真正的差距在哪裡，自然更不明白，前進的方向在哪裡。「高標準，嚴格要求」，如果不落實在學習的每一個環節上，而只是在嘴上，就是空話。

教師對學生的指點，一定是在極細微處下功夫，而不是大吼一句：「要動腦子呀！要勤奮呀！」好像慢、不勤奮是學生的錯，沒有誰是天生自帶智慧、能力與勤勉，都是後天的教養，動輒就講「學習態度」更是荒謬。

曾有被老師預言絕對考不上高中的國二孩子，在找我諮詢後，扔掉手機，開始瘋狂學習。一年內，成績進步到能考上明星高中，媽媽問他：「為什麼不打遊戲了？」他說：「媽媽，你以為我真愛打遊戲呀！我只不過是不知道該怎麼學而已，既然現在知道了，傻子才不學。」

人生的目標、學習的方法、學習的成就感、做事的邏輯，他一天天了解，態度不是自然就好了？

我為什麼寫這篇文章？因為，想告訴被學習態度困住、裹足不前的家長：第一，如果孩子面臨大考，**別再抱怨孩子的態度，而是要提高孩子解題的能力**。孩子看到成績變好，就有希望。怎麼做？拖著他，哄著他，讓他去做正確的事。

第二，如果孩子沒有到升學考試的階段。磨刀不誤砍柴工。要喚醒孩子面對人生的想法，啟發他的思考，指導他的方法，訓練他的能力，磨煉他的品性，塑造他的性情……鍥而不捨，逐步滲透。不要指望孩子能一下子改變態度，馬上提高分數。往往是孩子學會學習，分數上升，看到希望，於是學習態度慢慢開始變好。這一切，都是熬出來的。

國家圖書館出版品預行編目（CIP）資料

開竅了，學習會上癮：明明很努力，就是無法往領先群靠近。成績總是不上不下，中等生要如何突破困境？／李波著 .
-- 初版. -- 臺北市：大是文化有限公司，2023.12
256 面；14.8×21 公分 . --（Think；265）
ISBN 978-626-7328-78-1（平裝）

1. CST：學習方法　2. CST：讀書法

521.1　　112013010

Think 265

開竅了，學習會上癮

明明很努力，就是無法往領先群靠近。
成績總是不上不下，中等生要如何突破困境？

作　　者／李　波
校對編輯／許珮怡
美術編輯／林彥君
副 主 編／馬祥芬
副總編輯／顏惠君
總 編 輯／吳依瑋
發 行 人／徐仲秋
會計助理／李秀娟
會　　計／許鳳雪
版權主任／劉宗德
版權經理／郝麗珍
行銷企劃／徐千晴
業務專員／馬絮盈、留婉茹、邱宜婷
業務經理／林裕安
總 經 理／陳絜吾

出 版 者／大是文化有限公司
臺北市 100 衡陽路 7 號 8 樓
編輯部電話：（02）23757911
購書相關諮詢請洽：（02）23757911 分機 122
24 小時讀者服務傳真：（02）23756999
讀者服務 E-mail：dscsms28@gmail.com
郵政劃撥帳號：19983366　　戶名：大是文化有限公司

法律顧問／永然聯合法律事務所
香港發行／豐達出版發行有限公司　Rich Publishing & Distribution Ltd
地址：香港柴灣永泰道 70 號柴灣工業城第 2 期 1805 室
Unit 1805, Ph.2, Chai Wan Ind City, 70 Wing Tai Rd, Chai Wan, Hong Kong
電話：21726513　傳真：21724355　E-mail：cary@subseasy.com.hk

封 面 設 計／林雯瑛　內頁排版／吳思融
印　　　刷／緯峰印刷股份有限公司
出 版 日 期／2023 年 12 月初版
定　　　價／新臺幣 390 元（缺頁或裝訂錯誤的書，請寄回更換）
I S B N／978-626-7328-78-1
電子書 ISBN／9786267328729（PDF）
9786267328736（EPUB）

原著作名：【開竅了，學習會上癮】
作者：李波
本書由天津磨鐵圖書有限公司授權在港澳臺及新馬地區獨家出版發行，